GERTRUD VON LE FORT
HYMNEN AN DIE KIRCHE

GERTRUD VON LE FORT

HYMNEN AN DIE KIRCHE

Herausgegeben und mit einem Nachwort versehen
von Gundula Harand

echter

INHALT

VORBEMERKUNG

Durch die Neuauflage der *Hymnen an die Kirche* von Gertrud von le Fort darf sich ein bleibendes Werk geistlicher Dichtung an den heutigen Leser richten. Dies ist mir eine besondere Freude, denn die *Hymnen* bergen eine tiefe Botschaft für den modernen Menschen. Sie weisen dem Suchenden den Weg aus der subjektiven Verschlossenheit in eine Heimat bei Gott, deren geistige Wirklichkeit durch das Geheimnis der Kirche vermittelt wird.

Der vorliegende Band umfasst die vollständige, überarbeitete und erweiterte letzte Fassung der *Hymnen an die Kirche.* Es ist das Anliegen der Herausgeberin, jenes Werk der Dichterin erneut zur Verfügung zu stellen, das den Lesern viele Jahre durch die nun vergriffene Ausgabe des Ehrenwirth-Verlags vertraut war. Dadurch möge die Kontinuität der Rezeption einer geistlichen Dichtung gewahrt bleiben, die über einen Entstehungszeitraum von etwa 25 Jahren gewachsen ist. Die vorliegende Edition unterscheidet sich deshalb im Umfang von der 1924 im Theatiner-Verlag: München erschienenen Erstausgabe der *Hymnen an die Kirche*, die in ihrer inneren Einheit und in ihrem Satz besonders sprechend wirkt. Zu den in weiteren Auflagen eingefügten Textteilen gehören in der Reihe *Corpus Christi Mysticum* die zweite und die vierte Hymne (*Denn überall auf Erden wehet* bzw. *Nun sei gebunden*), im Abschnitt *Das Jahr der Kirche* die Hymnen *Das heilige Jahr*, *Fronleichnam*, *Litanei zum Fest des allerheiligsten Herzens*, *Litanei zu Regina Pacis*, *Vigil von Maria Himmelfahrt*, sowie die erste und zweite Hymne der

Reihe *Das Königsfest Christi*. Eine genaue Untersuchung der Entstehungsgeschichte der *Hymnen an die Kirche* liegt nicht im Rahmen dieses Buches und müsste in einer weiteren textkritischen Arbeit erfolgen. Die in der Erstausgabe enthaltenen *Hymnen* folgen dem Muster des Blocksatzes, das die Edition des Theatiner-Verlags prägte, während sich später hinzugefügte Texte an den Satz der Ehrenwirth-Ausgabe anlehnen.

Das begleitende Nachwort möchte die Tiefen dieser gedankenvollen Dichtung aus ihren Grundlagen erscheinen lassen. Es gilt, die inneren Voraussetzungen im Licht der Quellen zu klären und wesentliche Fragen in den Blick zu nehmen. Besondere Beachtung gilt dem *Prolog* und der Reihe *Heimweg an die Kirche*, sowie ausgewählten Hymnen, die das Kirchenbild le Forts erhellen. Durch eine wesenhafte Auslegung möge sich ein Verständnis des Gesamtwerkes der Dichterin vorbereiten, welches Grundmotive dieser geistlichen Dichtung entfaltet.

Mein tiefer Dank gilt meinen Freunden, die das Entstehen dieses Bandes durch ihre geistige Anteilnahme und das kritische Gespräch begleitet haben. Dr. Gudrun Trausmuth bin ich für die vorbereitenden Schritte und das gemeinsame Anliegen dankbar. Herzlich danke ich der Gertrud-von-le-Fort-Gesellschaft für alle erfahrene Unterstützung. Für ihre Hinweise bin ich Univ.-Prof. Dr. Hanna-Barbara Gerl-Falkovitz und Dr. Horst Renz sehr dankbar verbunden. Mein inniger Dank gilt meinem Onkel, DDr. Pater Gerhard Winkler OCist, der durch seine Förderung und Liebe zur Kirche die Herausgabe dieses Bandes ins Leben rief. Ihm ist das Buch in besonderer Weise gewidmet.

Gundula Harand

HYMNEN AN DIE KIRCHE

Einführung

Die »Hymnen an die Kirche« stellen ein Zwiegespräch dar. Der nach Gott verlangenden Seele antwortet Gott durch die Stimme der Heiligen Kirche.

Die noch tief in sich selbst gefangene Seele vernimmt diese Stimme zunächst in ihren eigenen Meditationen als staunendes und erschreckendes Innewerden der übernatürlichen, ihre eigenen Schranken sprengenden Wahrheit und Liebe der Kirche. Es entspinnt sich ein Kampf im Inneren der Seele, der mit der vertrauensvollen Hingabe der Seele an die übernatürliche Wahrheit und Liebe der Kirche endet.

Nun erst kann die Kirche von der Seele wirklich erkannt, geliebt und gepriesen werden. Das Erschrecken verwandelt sich in Dank und Jubel. Die Heilige Kirche beginnt, selbst zur Seele zu sprechen, sie über ihr Wesen zu erleuchten und durch den Kreis der ihr anvertrauten beseligenden Geheimnisse Gottes zu führen. Hierbei tritt die Seele mit ihrer eigenen Stimme mehr und mehr zurück, bis sie, der Heiligen Kirche gänzlich vereinigt, nur noch deren Stimme lauscht.

Die Stimme der Heiligen Kirche, wie die Seele sie in diesen Hymnen vernimmt, ist gekennzeichnet durch den Einleitungssatz: »Deine Stimme spricht«. Wo dieser fehlt, ist immer die Stimme der Seele gemeint.

Prologos

Herr, es liegt ein Traum von dir in meiner Seele, aber ich kann nicht zu dir kommen, denn alle meine Tore sind verriegelt!

Ich bin belagert wie von Heerscharen, ich bin eingeschlossen in mein ewiges Allein!

Meine Hände sind daran zerbrochen, und mein Haupt ist daran wundgestoßen, alle Bilder meines Geistes sind daran zu Schatten geworden!

Denn es fällt kein Strahl von dir in meine Tiefen, es fällt immer nur in sie das Mondlicht meiner Seele! –

Wie bist du herein gekommen, du Stimme meines Gottes? Bist du nur ein Ruf der wilden Vögel meiner Fluten?

Ich habe dich zu allen Bergen der Hoffnung getragen, aber sie sind auch nur meine eigenen Gipfel!

Ich bin zu den Wassern der Verzweiflung gestiegen, aber sie sind auch nicht tiefer als mein Herz!

Meine Liebe ist wie Treppen in der Seele: immer, immer bin ich nur in mir!

Aber ich habe kein Ruhen in allen meinen Kammern: ihre stillste ist noch wie ein einz'ger Schrei!

Ihre letzte ist noch wie ein Vorsaal, ihre heiligste noch wie ein Harren, ihre herrlichste noch wie ein flücht'ger Tag!

An die Kirche

Ich bin ein Reis aus entwurzeltem Stamm, aber dein Schatten liegt auf meinen Wipfeln wie Hochwaldschatten.
Ich bin eine Schwalbe, die im Herbste nicht heimfand, aber deine Stimme ist wie das Rauschen von Flügeln.
Dein Name tönt mich an wie der Name eines Sternes.
An allen Ufern meiner Augen ist kein Bild, das dir gleichkäme:
Du bist wie eine blühende Säule unter lauter totem Schutt.
Du bist wie ein edler Pokal unter eitlen Scherben!
Könige müssen vor dir verwelken und Heerscharen erblassen, denn ihrer aller Bruder ist der Wind, aber deine Brüder sind Felsen.
Wer vermöchte zu sprechen, wie du sprichst? Wer müßte nicht am Zorn des Höchsten vergehen?
Du hebst dein Haupt bis an den Himmel, und dein Scheitel wird nicht versengt,
Du schreitest bis zum Rande der Hölle nieder, und deine Füße bleiben unversehrt!
Du bekennst Ewigkeit, und deine Seele erschrickt nicht.
Du gebietest Gewißheit, und deine Lippen werden nicht stumm:
Wahrlich, es müssen Wolken von Engeln über dir lagern, und Gewitter von Cherubinen müssen dich decken,
Denn du grünst in deinem Vermessen wie eine Palme in der Wüste und deine Kinder sind wie ein Feld voller Ähren!

II

Ich möchte mein Haupt eine Stille lang in deinen Schoß legen!
Ich möchte eine Hoffnung lang in deinen Armen rasten!
Aber du bist keine Herberge am Wege, und deine Tore öffnen sich nicht nach außen:
Keiner, der dich fahren läßt, hat dich erfahren!
Du sprichst zu den Zweifelnden: „Schweiget“, und zu den Fragenden: „Kniet nieder!“
Du sprichst zu den Flüchtigen: „Gebt euch preis“, und zu den Flügelnden: „Laßt euch fallen!“
An dir wird jede Wanderschaft lahm, und jede Wallfahrt findet an dir nach Hause.
Darum flüchten meine Tage vor dir hin, wie der Windstoß hinflüchtet vor der Stille.
Aber ich weiß, daß ich dir nimmermehr entkomme, denn wahrlich, so wie du verfolgst, kann nur Gott verfolgen!

III

Mutter, ich lege mein Haupt in deine Hände: schütze mich vor dir!
Denn furchtbar ist das Gesetz des Glaubens, das du aufrichtest.
Fremd ist es in allen Fluren meines Blickes.
Die Täler der Stunden und die Räume der Gestirne wissen nichts von ihm.
Meine Füße gleiten an ihm ab wie an Halden von Eis,
Und mein Geist zersplittert daran wie an gläsernen Felsen.
Bist du gewiß, meine Mutter, daß nicht der Bote des Abgrunds dich betrog?
Oder daß Wildlinge aus der Engel Saal dich verhöhnten?
Du heißt mich mein einziges Licht löschen und heißt mich es wiederentzünden an der Finsternis der Nacht!
Du gebietest mir Blindheit, daß ich sehe und Taubheit, daß ich höre!
Weißt du, was du tust? – Mutter, ich lege mein Haupt in deine Hände: schütze mich vor dir!

IV

Ich bin in das Gesetz deines Glaubens gefallen wie in ein nackendes Schwert!
Mitten durch meinen Verstand ging seine Schärfe, mitten durch die Leuchte meiner Erkenntnis!
Nie wieder werde ich wandeln unter dem Stern meiner Augen und am Stabe meiner Kraft!
Du hast meine Ufer weggerissen und hast Gewalt angetan der Erde zu meinen Füßen!
Meine Schiffe treiben im Meer: alle meine Anker hast du gelichtet!
Die Ketten meiner Gedanken sind zerbrochen, sie hängen wie Wildnis im Abgrund.
Ich irre wie ein Vogel um meines Vaters Haus, ob ein Spalt ist, der dein fremdes Licht einläßt,
Aber es ist keiner auf Erden, außer der Wunde in meinem Geist –
Ich bin in das Gesetz deines Glaubens gefallen wie in ein nackendes Schwert!

V

Aber es geht noch Kraft aus von deinen Dornen, und aus deinen Abgründen tönt Gesang.
Deine Schatten liegen auf meinem Herzen wie Rosen, und deine Nächte sind wie starker Wein:
Ich will dich noch lieben, wo meine Liebe zu dir endet.
Ich will dich noch wollen, wo ich dich nicht mehr will.
Wo ich selbst anfange, da will ich aufhören, und wo ich aufhöre, da will ich ewiglich bleiben.
Wo meine Füße sich weigern, mit mir zu gehen, da will ich mich einknien.
Und wo meine Hände versagen, da will ich sie falten.
Ich will zu Hauch werden in Herbsten des Stolzes und zu Schnee in Wintern der Zweifel,
Ja, wie in Gräbern von Schnee soll alle Furcht in mir schlafen.
Ich will Staub werden vor dem Fels deiner Lehre und Asche vor der Flamme deines Gebots –
Ich will meine Arme zerbrechen, ob ich dich mit ihren Schatten umfange.

VI

Und siehe, die Stimme deines Gesetzes spricht zu mir:
Was ich zerbreche, das ist nicht zerbrochen, und was ich in den Staub beuge, das hebe ich empor!
Ich bin dir gnadelos geworden aus Gnade und erbarmungslos aus Erbarmen:
Ich habe dich überblendet, daß deine Grenzen verfließen,
Ich habe dich verschattet, daß du deine Schranken nicht mehr fändest.
Wie das Meer eine Insel verschlingt, so habe ich dich verschlungen, daß ich dich hinausschwemmte ins Ew'ge.
Ich bin zum Hohn geworden an deinem Verstand und zur Gewalt an deiner Natur,
Daß ich dich aufkettete wie einen Kerker und dich vor die Tore deines Geistes risse.
Denn wo deiner Tiefen Tiefe hindürstet, da fließen nicht mehr die Brunnen dieser Erde,
Und wo dein letztes Heimweh verblaut, da stehen alle Uhren der Zeit still.
Siehe, ich trage auf meinen Flügeln die weißen Schatten des Andren,
Und auf meiner Stirne wittern die Ufer des Drüben!
Darum muß ich Wildnis sein in deiner Erkenntnis und Vernichtung auf deinen Lippen,
Aber deiner Seele bin ich Aufbruch und Heimweg und bin der Bogen ihres Friedens mit Gott über den Wolken.

VII

Wer errettet meine Seele vor den Worten der Menschen?
Sie tönen aus der Ferne wie Posaunen, aber wenn sie nahe kommen, tragen sie nur Schellen.
Sie drängen sich hervor mit Fahnen und Wimpeln, aber wenn der Wind aufsteht, zerflattert ihr Gepränge.
Höret ihr Lauten und Vermeßnen, ihr Wetterflücht'gen des Geistes und ihr Kinder eurer Willkür:
Wir sind verdurstet bei euren Quellen, wir sind verhungert bei eurer Speise, wir sind blind geworden bei euren Lampen!
Ihr seid wie eine Straße, die nie ankommt, ihr seid wie lauter kleine Schritte um euch selber!
Ihr seid wie ein treibendes Gewässer, immer ist in eurem Munde euer eignes Rauschen!
Ihr seid heute eurer Wahrheit Wiege, und morgen seid ihr auch ihr Grab!
Wehe euch, die ihr uns mit Händen greifet: eine Seele kann man nur mit Gott fangen!
Wehe euch, die ihr uns mit Bechern tränket: einer Seele soll man die Ewigkeit geben!
Wehe, die ihr euer eitles Herz lehrt!
Ein Priester am Altar hat kein Antlitz, und die Arme, die den Herrn erheben, sind ohne Schmuck noch Staub,
Denn wen Gott reden heißt, den heißt er schweigen, und wen sein Geist entzündet, der erlischt.

VIII

Du allein suchtest meine Seele! Wer will das Recht deiner Treue schmälern?
Meine Seele war wie ein Kind, das man im Verborgnen aussetzt.
Sie war eine Waise an allen Tischen des Lebens und eine Witwe im Arme des Geliebten.
Meine Brüder haben sie verachtet, und meine Schwestern haben ihr fremd getan.
Die Klugen der Welt haben sie verraten.
Wenn sie dürstete, gaben sie ihr Vergängnis, und wenn sie sich ängstigte, sprachen sie: du bist ja gar nicht!
Sie haben sie zu meinem Herzen geschickt, als wäre sie ein Tropfen seines Blutes.
Sie haben sie zu meinem Verstand geschickt, als wäre sie ein Gedanke.
Sie war wie ein Wild in den Wäldern dunkler Triebe und wie ein gescheuchter Vogel im toten All.
Sie war wie eine, die lebenslang stirbt.
Du aber hast für sie gebetet, das hat sie errettet. Du hast für sie geopfert, davon hat sie gezehrt.
Du hast sie wie ein Kleinod beweint, darum jauchzt sie deinen Namen.
Du hast sie wie eine Königin erhoben, darum liegt sie dir zu Füßen.
Wer will das Recht deiner Treue schmälern?

Deine Stimme spricht:
Ich habe noch Blumen aus der Wildnis im Arme, ich habe noch Tau in meinen Haaren aus Tälern der Menschenfrühe,
Ich habe noch Gebete, denen die Flur lauscht, ich weiß noch, wie man die Gewitter fromm macht und das Wasser segnet.
Ich trage noch im Schoße die Geheimnisse der Wüste, ich trage noch auf meinem Haupt das edle Gespinst grauer Denker,
Denn ich bin Mutter aller Kinder dieser Erde: was schmähest du mich, Welt, daß ich groß sein darf wie mein himmlischer Vater?
Siehe, in mir knien Völker, die lange dahin sind, und aus meiner Seele leuchten nach dem Ew'gen viele Heiden!
Ich war heimlich in den Tempeln ihrer Götter, ich war dunkel in den Sprüchen aller ihrer Weisen.
Ich war auf den Türmen ihrer Sternsucher, ich war bei den einsamen Frauen, auf die der Geist fiel.
Ich war die Sehnsucht aller Zeiten, ich war das Licht aller Zeiten, ich bin die Fülle der Zeiten.
Ich bin ihr großes Zusammen, ich bin ihr ewiges Einig.
Ich bin die Straße aller ihrer Straßen: auf mir ziehen die Jahrtausende zu Gott!

II

Du bist wie ein Fels, der gegen die Ewigkeit abstürzt,
aber das Geschlecht meiner Tage ist wie Sand, der ins Nichts fällt!
Es ist wie Staub, der um sich selbst wirbelt.
Es hat sein Blut zum Gesetz des Geistes erhoben und seines Volkes Namen zum Gott.
Darum liegst du wie Reif auf den Wäldern seiner Träume und wie Schnee auf den hohen Tannen seines Stolzes,
Denn du läßt dich nicht ins Joch der Menschen beugen und leihst deine Stimme nicht ihrer Vergängnis.
Du wirfst die Nationen vor dir nieder, daß du sie errettest,
Du heißt sie vor dir aufstehen, damit sie ihr Heil wirken!
Siehe, ihre Grenzen sind wie Mauern aus Schatten vor deinem Antlitz, und das Brausen ihres Hasses ist wie ein Gelächter,
Ihre Waffen sind wie ein Klirren aus Glas, und ihre Siege sind wie Lichter in kleinen Kammern!
Aber dein Sieg reicht vom Morgen bis zum Abend, und deine Flügel wachsen über alle Meere,
Dein Arm umfängt Mohren und weiße Leute, und dein Odem weht über alle Geschlechter,
Deiner Stunde schlägt keine Stunde, und deine Grenzen sind ohne Grenzen, denn du trägst im Schoße das Erbarmen des Herrn!

III

Du hast einen Mantel aus Purpurfäden, die sind nicht auf Erden gesponnen.
Deine Stirn ist mit einem Schleier geschmückt, den haben dir unsre Engel geweint:
Denn du trägst Liebe um alle, die dir gram sind, du trägst große Liebe um die, welche dich hassen.
Deine Ruhe ist immer auf Dornen, weil du ihrer Seelen gedenkst.
Du hast tausend Wunden, daraus strömt dein Erbarmen; du segnest alle deine Feinde.
Du segnest noch, die es nicht mehr wissen.
Die Barmherzigkeit der Welt ist deine entlaufene Tochter, und alles Recht der Menschen hat von dir empfangen.
Alle Weisheit der Menschen hat von dir gelernt.
Du bist die verborgene Schrift unter all ihren Zeichen. Du bist der verborgene Strom in der Tiefe ihrer Wasser.
Du bist die heimliche Kraft ihres Dauerns.
Die Irrenden gehen nicht unter, weil du noch den Weg weißt, und die Sünder werden verschont, weil du noch betest.
Dein Gericht ist die letzte Gnade über den Verstockten.
Wenn du einen Tag verstummtest, so würden sie auslöschen, und wenn du eine Nacht schliefest, so wären sie dahin!
Denn um deinetwillen lassen die Himmel den Erdball nicht fallen: alle, die dich lästern, leben nur von dir!

IV

Deine Diener tragen Gewänder, die nicht alt werden, und deine Sprache ist wie das Erz deiner Glocken.
Deine Gebete sind wie tausendjährige Eichen, und deine Psalmen haben den Atem der Meere.
Deine Lehre ist wie eine Feste auf uneinnehmbaren Bergen.
Wenn du Gelübde annimmst, so hallen sie bis ans Ende der Zeiten, und wenn du segnest, baust du Häuser im Himmel.
Deine Weihen sind wie große Zeichen von Feuer auf den Stirnen, niemand kann sie auslöschen.
Denn das Maß deiner Treue ist nicht Menschentreue, und deine Jahre kennen keinen Herbst.
Du bist wie eine beständige Flamme über wirbelnder Asche!
Du bist wie ein Turm inmitten reißender Wasser!
Darum schweigst du so tief, wenn die Tage lärmen, denn am Abend fallen sie dennoch an dein Erbarmen:
Du bist's, die über allen Grüften betet!
Wo heute ein Garten blüht, da ist morgen eine Wildnis, und wo früh ein Volk wohnt, da haust bei Nacht das Verderben:
Du bist das einzige Zeichen des Ew'gen über dieser Erde: alles, was du nicht verwandelst, überwandelt der Tod!

V

Deine Heiligen sind wie Helden aus fremden Ländern,
und ihre Gesichter sind wie eine unbekannte Schrift.
Du sonderst sie aus den Gesetzen der Kreatur aus, als
wolltest du sie verderben.
Sie sind wie Wasser, die aufwärts fließen gegen die Berge.
Sie sind wie Feuer, die ohne Herdstatt brennen.
Sie sind wie ein Jauchzen an den Tod, sie sind wie ein
Leuchten unter dunkler Marter.
Sie sind wie Gebete in der Nacht, sie sind wie große Opfer
in der Stille tiefer Wälder.
Du gießt ihre Kraft aus wie ein Gefäß der Erquickung
und gießt ihr Blut aus wie einen Becher voller Wein.
Denn du gräbst jede Sonderheit auf wie Quellen und
öffnest sie wie ein Glänzen im Gestein.
Aus der Wüste führst du in die Liebe und aus dem Schwei-
gen zu den Sprachlosen:
Es sind keine Verlaßnen in deinen Toren wie bei den
Menschen.
Deine Entsagenden verschwenden, und deine Besitzlosen
bringen fürstliche Gaben,
Deine Gebundenen erlösen, und deine Geopferten machen
lebendig,
Deine Einsamen sprechen von Einsamkeit los: du bist der
Sieg über die Gefangenschaft der Seelen!

Deine Gebete sind kühner als alle Gebirge der Denker!
Du baust sie wie Brücken ins Uferlose, du läßt sie wie Adler ins Schwindelnde steigen.
Wie Schiffe sendest du sie in Meere des Unbekannten, wie große Seeschiffe in Wildnisse voller Nebel.
Der Welt graut bei deinen gefalteten Händen, und ihr ist bange bei der Inbrunst deiner Knie,
Ihre Lippen spotten vor Angst, und sie verriegelt sich in den Kammern ihrer Zweifel,
Denn du gibst sie der Ewigkeit preis bei lebendigem Leib, und heißt ihre Jahre verwesen, ehe sie vorüber:
Siehe, die Straßen, die von deinem Munde führen, sind Straßen ins Jenseits, und wohin deine Seele sich streckt, ist aller Kreaturen Ende!
Du aber kommst als eine Geschmückte aus der Wüste wieder und als eine Erleuchtete aus den Flügeln der Nacht!
Du kommst als eine Lebendige aus dem Abgrund und als eine Erhörte aus dem ewigen Schweigen.
Du kommst aus der Vernichtung wieder als eine, die Kraft fand, und kommst aus dem Unsichtbaren wieder als Gestalt.

II

Wenn die Städte noch auf ihrem Fieberbett schlafen und die dumpfen Dörfer im Brodem der Felder versinken,
Wenn die Tiere sich noch nicht regen und die Einsamkeit des Herrn auf der Welt lagert,
Dann erhebst du deine Stimme in den Schatten, wie der Geist sich erhebt in der blinden Materie.
Du schüttelst die Traumheit von deinen Gliedern und ringest im Dunklen mit dem Grauen der Stunde.
Denn die Sünden der Nacht sind wie giftige Dünste, und der Schlaf der Wesen ist wie Todesschwere:
Es weiß niemand, ob es wieder Tag wird.
Aber du entzündest deine Seele, daß sie der Morgenröte voraneilt wie ein Strahl der Hoffnung.
Du fällst vor dem Herrn nieder, bevor der Tau fällt.
Du jubelst dein Herz zu ihm auf, ehe die Lerchen steigen, du jubelst alle Furcht hinweg im Preise deines Schöpfers.
Du wäschst das Angesicht der Erde in deinen Liedern, du badest es in deinem Gebet, bis es ganz rein ist,
Du wendest es dem Herrn zu wie ein neues Antlitz!
Und der Herr bricht aus seiner Einsamkeit und empfängt dich mit Armen des Lichtes – da erwacht alle Welt in seiner Gnade.

III

Nun weiß ich, daß der Herr aus dir redet, denn du bist
seines Schweigens mächtig!
Du hast es erlernt wie eine gewaltige Sprache: deine Worte
sind nur seine Herolde.
Wenn es anhebt, verstummt das Brausen deiner Dome:
deine starken Orgeln alle verhalten ihren Atem.
Deine Psalmen fallen vor ihm nieder, und deine Chöre
brechen lautlos zusammen.
Es ist, als beugten sich Meereswogen, und die großen
Stürme falteten ihre Flügel.
Die große Unrast der Menschen verhaucht wie ein Kind.
Schön ist ihr Ende, und selig ist es: sie geht dahin mit
Weihrauch und Lichtern in den Händen,
Ihr Sterbelaut ist ein Lobpreis.
Du legst ihn auf deine letzten Gebete, ehe der Herr
kommt; die sind schneeweiß, als blende es deine
Stimme:
Niemand kann sie mehr vernehmen.
Denn dich überlichtet schon, dem du erdunkelst: siehe, er
sank hernieder, dem du versinkst.

IV

Deine Tugenden sind vom Altar gekommen wie verstoßene Königstöchter!
Die edlen Spinnerinnen deiner Herrlichkeit haben ihre Spindeln verloren!
Nur deine Demut atmet noch auf den Stufen.
Du hast ihre Schwestern erbleichen lassen, damit sie aufblühe; du hast deiner Fürstinnen Ruhm verschüttet, damit sie zu Ehren käme.
Denn sie sind alle nur Töchter der Gnade, aber deine Demut ist eine Tochter der Allmacht:
Sie ist Gottes Verwandte, sie ist seine Ebenbürtige im tiefen Staub.
Sie ist die Gewalt seiner Schöpfung: es gibt kein Widerstehen vor ihr in den Himmeln.
Sie dringt durch die Pforten der Cherubime, und die ehernen Engel senken vor ihr das Schwert.
Sie dringt bis zum Angesicht des Herrn –
Da kniet sie in alle Ewigkeit nieder.

I

Wie die blaue Liebe des Himmels über allen Wesen, so
wölbst du dein Gezelt über den Zerstreuten!
Wie das Goldmeer der Sonne von Fluren zu Fluren, so
flutest du von Seele zu Seele!
Du bist wie ein ein'ges Durchströmen. Du bist wie ein
Umfangen in Tiefen der Seligkeit.
Du bist wie ein Auf blühn unsrer Heimat. Du bist wie ein
Lichtwerden unsrer dunklen Vernunft.
Denn wir lagen im Schoße der Gottheit, einer im andren,
wir lagen unerweckt im Geheimnis unsres Schöpfers,
Wir waren uns näher als Liebe, wir waren eins vor allem
Anbruch der Gestalten:
Siehe, du steigst wie ein Dom des Erinnerns aus dem
Dämmer, du steigst wie ein gewaltiges Türmen aus
der Verschüttung der Zeit!
Du läutest mit allen Glocken unsren Ursprung, du läutest
Tag und Nacht unsre ewige Heimkunft!

II

Denn überall auf Erden wehet der Wind des Verlassens:
lausche, wie es in den Fluren der Welt klagt!
Überall ist einer und niemals zwei!
Überall ist ein Schrei im Gefängnis und ist eine Hand hinter vermauerten Toren;
Überall ist einer lebendig begraben!
Unsre Mütter weinen, und unsre Geliebten verstummen; denn keiner kann dem andern helfen: sie sind alle allein!
Sie rufen sich von Schweigen zu Schweigen, sie küssen sich von Einsamkeit zu Einsamkeit. Sie lieben sich tausend Schmerzen weit von ihren Seelen.
Denn alle Nähe der Menschen ist wie Blumen, die auf Grüften welken, und aller Trost ist wie eine Stimme von außen. –
Aber du bist eine Stimme mitten in der Seele.

III

Siehe, du trittst uns entgegen mit goldener Stirne im
Widerscheinen unsres Glücks!
Denn von dem wir ausgingen, der ist uns nachgefahren,
und von dem wir uns zerstreuten, hat sich uns versammelt!
Er hat uns eingeholt im Schoß unsres Elends und hat sich
zur Demut gemacht in deinen Händen!
Er wohnt im Wein deiner Kelche und im weißen Brot auf
deinen Altären.
Du bettest ihn auf unsre Sehnsucht, du bettest ihn auf
unsre hungernden Lippen,
Du bettest ihn tief ins Herz unsrer Einsamkeit, da geht
sie auf wie entsiegelte Tore:
Der Staub der Atome wehet zusammen, denn die Stille
der Ewigkeit ist stärker als Sturm:
Wir sind eines Leibes und eines Blutes!
Wir sind die Flamme einer Beseelung –
Du bist die einzige Gestalt der Welt!

IV

Deine Stimme spricht:
Nun sei gebunden, du Gewaltige der Himmel,
    du Allmächtige aus der Allmacht,
    du Alleinige aus den Alldreien,
    du ungeblendete Tochter des unblendbaren Glanzes:
Liebe, ich lege dich in die Ketten meiner Seele,
    gehe ein ins dunkle Herz der dunklen Menschheit!
Kein Schmerz erlöse dich, keine Schmach errette dich,
    kein Tod ertöte dich aus meinen Armen:
Sei Gefang'ne deiner ewiglich Gefang'nen.

Das Jahr der Kirche

Das heilige Jahr

Deine Stimme spricht:
Neiget euch, ihr Jahre, und stehet still, ihr Monde!
Streifet eure Schuhe ab, ihr wandernden Tage!
Denn die Ewigkeit spricht zu meiner Seele:
Siehe, es ist zuviel Heute auf dieser Erde;
es ist zuviel Hinweg unter den Menschenkindern!
Du sollst mich aufschließen, wie man eine Tür öffnet;
du sollst meine weißen Siegel einstoßen wie eine leichte Wand!
Denn ich bin nahe wie ein Flüstern vor den Ohren:
es ist nur eine Liebe lang, und ich breche herein.
Es ist nur ein Hinknien, und ich halte euch umfangen:
schauert nieder, alle ihr Vorübervollen!
Siehe, ich will zu euch herabsteigen aus den Himmeln;
ich will wie das Wort des Unerschaff'nen werden,
eingeschleiert in die arme Zeit!
Ich will nicht mehr Ewigkeit heißen,
ich will den Namen eurer Glocken annehmen, man soll mich läuten, wie man den Engelgruß läutet!
Ich will durch die Zeiten der Menschen wandeln
wie die großen Feste des Glaubens,
ich will über den Stunden der Völker aufgehen
wie das Gestirn der Weihnacht!
Man soll mich rufen: Friede, Friede auf Erden!
Man soll mich singen, wie man das Alleluja singt!
Man soll mich segnen wie das Licht am Ostermorgen;
Man soll mich jubeln wie das heil'ge Jahr des Herrn!

Advent I

Und Deine Stimme spricht:
Falte deine Flügel, o Seele, wende dich aus der Ferne, steige ab vom Himmel in dein kleines Haus!
Du Märtyrin des Verborgnen, du Leiderin des dunklen Gottes, du hohe Sehnerin des Unsichtbaren!
Kann man auch schreiten ohne Schritte? Kann man auch treten in die nackte Luft?
Kann man auch lieben ins Sprachlos-Ew'ge?
Rufe deine Füße heim, rufe dein Herz heim, rufe sie an deine arme Menschheit!
Denn siehe, ich gehe mit Frohlocken durch deine Fluren, ich gehe dir mit eilender Freude voran durch den braunen Herbst!
Es sind Engel auf der Reise, es sind große Sterne unterwegs nach dieser Erde –
Wieget, ihr Mütter, wieget: jedem Kindlein wird ihr Licht erscheinen!

II

Und deine Stimme spricht:
Singet es im Harren der Frühe, singet es leise, leise ins finstre Ohr der Welt!
Singet es auf den Knien, singet es wie unter Schleiern, singet es, wie Frauen in der Hoffnung singen:
Denn zart ward, der da stark ist, klein ward der Unendliche, hold ward der Gewaltige, demütig ward der Erhabne,
Raum hat er in der Kammer einer Jungfrau: auf ihrem Schoße wird sein Thron sein – Lob genug ist ihm ein Wiegenlied!
Siehe, die Tage wollen nicht mehr aufstehen vor Andacht, und die Nächte der Erde sind dunkel geworden vor tiefer Ehrfurcht:
Ich will Lichter anzünden, o Seele, ich will Freude anzünden an allen Enden deiner Menschheit:
Sei gegrüßet, die da trägt den Herrn!

Weihnacht

Deine Stimme spricht:
Kindlein aus der Ewigkeit, nun will ich deiner Mutter singen! Mein Lied soll schön werden wie der morgenfarbne Schnee!
Freue dich, Jungfrau Maria, Tochter meiner Erde, Schwester meiner Seele, freue dich, du Freude meiner Freude!
Ich bin ein Wandern durch die Nächte, aber du bist ein Haus unter Sternen!
Ich bin eine durstige Schale, aber du bist ein offnes Meer des Herrn!
Freue dich, Jungfrau Maria: selig preis' ich, die dich selig preisen! Nie mehr soll ein Menschenkind verzagen!
Ich bin eine einige Liebe, ich will immerdar zu allen sprechen: eine von euch hat der Herr erhöht! –
Freue dich, Jungfrau Maria, Flügel meiner Erde, Krone meiner Seele, freue dich, du Freude meiner Freude:
Selig preis' ich, die dich selig preisen!

Passion I

Deine Stimme spricht zu meiner Seele:
Fürchte dich nicht vor meinen goldnen Kleidern und erschrick dich nicht vor den Strahlen meiner Kerzen,
Denn sie sind alle nur Schleier meiner Liebe, sie sind alle nur wie zärtliche Hände über meinem Geheimnis!
Ich will sie fortziehen, weinende Seele, damit du erkennst, daß ich dir nicht fremd bin:
Wie sollte eine Mutter nicht ihrem Kind gleichen?
Alle deine Schmerzen sind in mir!
Ich bin aus Leiden geboren, ich bin aufgeblüht aus fünf heiligen Wunden,
Ich bin gewachsen am Baum der Schmach, ich bin erstarkt am bittren Wein der Tränen –
Ich bin eine weiße Rose in einem Kelch voll Blut!
Ich lebe aus dem Leid, ich bin eine Kraft aus dem Leid, ich bin eine Herrlichkeit aus dem Leid:
Komm an meine Seele und sei daheim!

II

Und deine Stimme spricht:
Ich weiß um dein Erschauern vor dem Glück, ich weiß um dein Erblassen vor den Stunden, die Purpur tragen,
Ich weiß um dein Grauen vor allen Bechern der Fülle,
Ich weiß noch um dein Zittern vor der liebsten Seele!
Denn deine Tiefe wird vom Glück verwundet: es greift in sie hinab mit kalten Händen,
Es löscht alle deine Träume, es löscht dein Verlangen aus wie großes Verzagen.
Es sinkt auf deine Sinne wie Gestein der Schuld. Es sinkt auf deine Seele wie Todesduft welker Kräuter.
Es hüllt dich von Kopf bis zu den Füßen in Schmerz ein, da bist du vor Glück geborgen durch Glück –
Da wird all dein Leid ewig.

III

Und deine Stimme spricht:
Ich will das Geheimnis deines Leidens deuten, du Zarte, du Scheue, du Verwandte meiner Seele, du Geliebte:
Ich bin es, die in deinen Tiefen weint!
Ich habe an dir gebildet tausend Jahre und länger, ich habe alle deine Väter und Mütter mit dem Kreuz gesegnet.
Schmerzen und Wunden hast du mich gekostet, unter Dornen hab' ich deine Hände aus der Welt gelöst.
Du hast mich Einsamkeit gekostet, du hast mich dunkles Schweigen gekostet viele Menschenleben.
Du hast mich Habe und Blut gekostet, du hast mich die Erde unter meinen Füßen gekostet, du hast mich eine ganze Welt gekostet!
Du bist fein geworden, Seele, du bist wie ein seidener Flachs geworden, an dem man lange spann:
Du bist wie ein leichter Faden, der nicht mehr haftet.
Siehe, du fliegst dahin durch die Fluren des Lebens, du fliegst dahin durch alle blühenden Gelände der Welt,
Aber ihrer keines wird dich halten, du Heimatlose, du fahrende Seele meines Leids!

IV

Und deine Stimme spricht:
Ich will ein Gloria singen, daß die Wipfel meiner Türme mit den Glocken rauschen:
Alles Leid der Erde lobe den Herrn!
Es lobe ihn das Verarmte und Verbannte, es lobe ihn das Enttäuschte und Enterbte, es lobe ihn alles Nie-Gestillte!
Es lobe ihn die lichte Qual des Geistes und die dunkle Qual der Natur!
Es lobe ihn die heil'ge Qual der Liebe!
Es lobe ihn die Einsamkeit der Seele, es lobe ihn die Gefangenschaft der Seele!
Es lobe ihn das Weh der Schuld, es lobe ihn das Weh der Vergängnis, es lobe ihn noch das bittre Weh des Todes!
Siehe, ich streife allen Schmuck von meinen Altären, alles Linnen darauf soll abblühen wie die Lieblichkeit der Wiesen!
Alle Bilder darauf sollen ihr Gesicht verhüllen!
Ich will meinen letzten Trost auslöschen: ich will meines Herrn Leib hinweg tragen, damit meine Seele ganz zu Nacht wird,
Denn das Leid der Erde ist selig geworden, weil es geliebt wurde:
Siehe das Holz des Kreuzes, woran das Heil der Welt hing!

V

Und deine Stimme spricht:
Ich streife meine Schuhe von den Füßen, ich streife mein Endliches ab und trete auf ein Land ohne Grenzen:
Brechet auf, alle dunklen Brunnen meines Lebens!
Fliegt herzu, alle meine Nächte, ihr schwarzen Vögel der Schuld, fallt auf mich herab mit ausgestreckten Schwingen:
Ich will in mein tiefstes Leid eingehen, daß ich meinen Gott finde!
Denn groß ist das Leiden in der Welt, gewaltig ist es und unendlich.
Es hat umfangen, an dem Himmel und Erde zerschellen, es hat ausgehalten das Gewicht der ewigen Liebe!
Heiliger Gott, heiliger Starker, heil'ger Unendlicher,
Du Gott unter meiner Sünde, du Gott unter meiner Schwachheit, du Gott unter meinem Tode:
Ich bette meinen Mund auf deine Wunden, – Herr, ich bette meine Seele auf dein Kreuz!

Ostern

Und ich hörte eine Stimme aus der Nacht, die war groß
wie der Atem der Welt und rief: »Wer will die Krone
des Heilands tragen?«
Und meine Liebe sprach: »Herr, ich will sie tragen.«
Und ich trug die Krone in meinen Händen, und mein Blut
floß an dem schwarzen Dorn nieder über meine
Finger.
Aber die Stimme rief zum andren Male: »Du mußt die
Krone auf dem Haupt tragen.«
Und meine Liebe antwortete: »Ja, ich will sie tragen.«
Und ich hob die Krone auf meine Stirn, da brach ein Licht
an ihr auf, das war weiß wie das Wasser in den
Bergen.
Und die Stimme rief: »Siehe der schwarze Dorn ist er-
blüht!«
Und das Licht rann von meinem Scheitel und ward breit
wie ein Strom und zog an meinen Füßen.
Und ich rief mit großem Erschrecken: »Herr, wohin willst
du, daß ich die Krone trage?«
Und die Stimme antwortete: »Du sollst sie ins ewige
Leben tragen.«
Da sprach ich: »Herr, es ist eine Krone von Leid, laß mich
an ihr sterben!«
Aber die Stimme sprach: »Weißt du nicht, daß Leid un-
sterblich ist? Ich habe das Unendliche verklärt:
Christus ist erstanden!«
Da riß mich das Licht hinweg – – –

Nach der Himmelfahrt des Herrn I

Wer wird deine Saiten schlagen, du goldenes Spiel meiner Seele? Wer wird deinen Jubel wieder wecken, du verlaßne Braut?
Ich bin weit gewandert, aber überall sind nur noch Felder und Wiesen, überall sind nur noch dumpfe Kreaturen!
Die Zweige der Bäume hängen über meine Augen, und ihr dichtes Laub verschattet all mein Hoffen –
Schöner, grüner Kerker der Natur, wie machst du mir so bange!
Ich weine meine Schmerzen alle Nächte, aber sie sind auch nur Brunnen, die auf Erden fließen!
Ich lasse meine Gebete wie Vögel aufsteigen, aber keines kommt zurück, das mir Antwort brächte!
Herr, wo soll ich deine Ufer finden?

II

Und deine Stimme spricht zu meiner Seele: was klagst du um deine Gebete?
Sie sind in Meeren der Barmherzigkeit versunken, darum kommen sie nicht wieder, sie ruhen tief im Schoß der Gnade, darum kehren sie nicht heim!
Ich bin ein Lauschen unter Wipfeln, ich bin ein Leuchten unter Blumen, ich bin ein Suchen unter den seidenen Halmen der Gräser!
Ich bin ein Beten in den Fluren, ich bin ein Läuten in den Lüften, ich bin ein Niederknien an allen wogenden Wiesen!
Siehe, ich segne deine Äcker und Auen, ich tue meine Hände auf wie springende Knospen,
Ich tue mein Herz auf wie der Schoß der Erde: segnend segne ich mich selber mit der Hoffnung!

Pfingsten

Deine Stimme spricht:
Jubel ist mein Name, und Frohlocken ist mein Antlitz: ich bin wie eine junge Flur in Kränzen der Morgenröte!
Ich bin wie eine liebliche Schalmei auf den Hügeln!
Höret mich, ihr schwellenden Täler, höret mich, ihr wogenden Wiesen, höret mich, ihr singenden, ihr seligen Wälder!
Denn ich bin nicht mehr einsam unter eurem Prangen, ich bin eure Schwester und Verwandte geworden: grüße mich, mein holdes Gleichnis, Erde, die der Herr erfüllt!
Nähe ist noch Ferne, Gnade ist noch Stufe: er ist in mir als ein ew'ges Mein!
Er ist über mich gekommen, wie das Knospen über den Strauch kommt, er ist in mir aufgebrochen wie Rosen an den Hecken!
Ich blühe im Rotdorn seiner Liebe, ich blühe an allen meinen Zweigen im Purpur seiner Gaben!
Ich blühe mit feurigen Zungen, ich blühe mit flammendem Vollbringen; ich blühe aus dem heil'gen Geist des Herrn!

Fronleichnam

Deine Stimme spricht:
Des Königs Banner wehen:
        ich hülle auf das Ewige Geheimnis!
Wie zart umliebt das Licht meine Hände,
        wie selig sinkt es nieder!
Nun birgt sich Liebe nur noch mit der Liebe:
        im offnen Golde trag' ich sie durch offne Lande!
Ich weiß viele Worte, ihr Menschen,
        aber heute müßt ihr knien –
Eure Knie sind eure Flügel!

Te Deum

Deine Stimme spricht:
Großer Gott meines Lebens, ich will dir lobsingen an allen drei Ufern deines einigen Lichts!
Ich will mit meinem Lied ins Meer deiner Herrlichkeit springen: unterjauchzen will ich in den Wogen deiner Kraft!
Du goldener Gott deiner Sterne, du rauschender Gott deiner Stürme, du flammender Gott deiner feuerspeienden Berge,
Du Gott deiner Ströme und deiner Meere, du Gott aller deiner Tiere, du Gott deiner Ähren und deiner wilden Rosen;
Ich danke dir, daß du uns erweckt hast, Herr, ich danke dir bis an die Chöre deiner Engel,
Sei gelobt für alles, was da lebt!
Du Gott deines Sohnes, großer Gott deines ewigen Erbarmens, großer Gott deiner verirrten Menschen,
Du Gott aller, die da leiden, du Gott aller, die da sterben, brüderlicher Gott auf unsrer dunklen Spur:
Ich danke dir, daß du uns erlöst hast, Herr, ich danke dir bis an die Chöre deiner Engel,
Sei gelobt für unsre Seligkeit!
Du Gott deines Geistes, flutender Gott in deinen Tiefen von Liebe zu Liebe,
Brausender bis hinab in meine Seele,

Wehender durch alle meine Räume, Zündender durch alle
meine Herzen
Heil'ger Schöpfer deiner neuen Erde:
Ich danke dir, daß ich dir danke, Herr, ich danke dir bis
an die Chöre deiner Engel:
Gott meiner Psalmen, Gott meiner Harfen, großer Gott
meiner Orgeln und Posaunen,
Ich will dir lobsingen an allen drei Ufern deines einigen
Lichts!
Ich will mit meinem Lied ins Meer deiner Herrlichkeit
springen: unterjauchzen will ich in den Wogen
deiner Kraft!

Litanei
zum Fest des allerheiligsten Herzens

Deine Stimme spricht:
Nun will ich die Glut der Seele beten,
wie man eine große Litanei betet,
Ich will anstimmen den Preisgesang,
den man nicht singet, sondern liebt!
Heiliges Herz, göttliches Herz, allmächtiges Herz,
Purpurnes Geheimnis aller Dinge:
Sei geliebt, Liebe, ewige Liebe, sei ewiglich geliebt!

Du Feuerherd mitten im Dunkel der eisigen Weltnis:
Sei geliebt, Liebe!
Du Flammenschatten
über allem falschen Leuchten der Weltnis:
Sei geliebt, Liebe!
Du brennendes Mal in aller falschen Ruhe der Weltnis;
Du einsames Herz, du loderndes Herz,
du unauslöschliches Herz:
Sei geliebt, ewige Liebe!

Du Herz, tief wie die Nächte, die kein Antlitz mehr haben:
Sei geliebt!
Du Herz, stark wie die Wogen, die keine Ufer mehr haben:
Sei geliebt!
Du Herz, sanft wie die Kindlein,
die noch keine Bitterkeit haben:
Sei ewiglich geliebt!

Du Rose aus den Beeten des Unsichtbaren,
Du Rose aus dem Kelch der demütigen Jungfrau,
Du blühender Rosenstrauch,
in dem sich Himmel und Erde umrankt halten:
Sei geliebt, ewige Liebe!

Du Königsherz im fließenden Mantel deines Blutes:
Sei geliebt, Liebe!
Du Bruderherz im wilden Hohn der Dornenkrone:
Sei geliebt, Liebe!
Du brechendes Herz im starren Schmuck
deiner Todeswunden;
Du vom Thron gestoßenes Herz, du verratenes Herz,
du grausam gemartertes Herz:
Sei geliebt, Liebe, ewige Liebe, sei ewiglich geliebt!

Du Herz, an dem die Gewaltigen ihre Knie finden:
Wir bitten dich um deine Liebe!
Du Herz, an dem die Kalten ihre Tränen finden:
Wir bitten dich um deine Liebe!
Du Herz, an dem noch die Diebe und Mörder Verzeihung
finden,
Du großes Herz, du gnadenes Herz, du glorreiches Herz:
Wir bitten dich um deine Liebe!

Du Rotdorn unserer Freude,
Du Schmerzdorn unserer Reue,
Du schönes Abendrot unsrer eignen Untergänge:
Wir bitten dich um deine Liebe!

Du Scharlachtuch, vor dem die Sünde totenbleich wird:
Wir bitten dich um deine Liebe!
Du rubinener Quell, nach dem alle kranken Seelen
dürsten:
Wir bitten dich um deine Liebe!
Du leises Nah,
in dem sich die getrennten Freunde begegnen:
Wir bitten dich um deine Liebe!

Du Ampel der Betrübten,
Du Leuchtturm der Verfolgten und Geschmähten,
Du geheimnisvoller Raum,
in dem noch die sanften Toten atmen können;
Du allwissendes Herz, du allrichtendes Herz,
du letztes Herz:
Wir bitten dich um deine Liebe!

Du Herz, das uns alle an sein Herz nimmt,
Du Herz, das uns alle mitten ins Herz trifft,
Du Herz, das uns allen das stolze Herz bricht:
Wir bitten dich um deine Liebe!

Du Herz, an dem die Einsamkeit zum großen Volk wird:
Wir bitten dich um deine Liebe!
Du Herz, an dem die Zerrissenheit zu *einem* Volk wird:
Wir bitten dich um deine Liebe!
Du Herz, an dem die ganze Welt zu *deinem* Volk wird:
Wir weihen uns deiner Liebe!
Du überströmendes Herz, du überflammendes Herz,
du überbrausendes Herz:
Sei geliebt, Liebe, ewige Liebe, sei ewiglich geliebt!

Daß dein Tag anbrenne:
Wir weihen uns deiner Liebe!
Daß dein Tag unser aller Herzen aufbrenne:
Wir weihen uns deiner Liebe!
Daß dein Tag unser aller Herzen in dein Herz verbrenne:
Wir weihen uns deiner Liebe!
Du gewaltiges Herz, du unentrinnbares Herz,
du alles verzehrendes Herz –

Feuer! Feuer! Es brennen die Gefieder der Engel!
Es brennen die Schwerter der Cherubime!
Es brennen die Gezünde der Himmel!
Es brennen die Tiefen der Erde!
Gestein und Gestirn flammt!
Es brennt die Sehnsucht aller Kreaturen!
Es brennt der Geist im Dunkel der Menschenwipfel!
Von Liebe ist alles genommen, zu Liebe muß alles werden: rauscht heilig, heilig, heilig, ihr Flammen der Seraphime!

Du Herz, von dem die Himmel ihre Glorie nehmen,
Du Herz, von dem alle Sonnen und Sterne
Anfang und Ende nehmen,
Du Herz, von dem die seligen Geister ihr Seligtum
nehmen,
Du weltgebietendes Herz, du weltüberwindendes Herz,
du alleiniges Herz:
Amen. Amen. Es brenne herein der Tag deiner ewigen
Liebe.

Vigil von Maria Himmelfahrt

Deine Stimme spricht:
Der Engel des Herrn grüßte Maria,
und sie empfing den Heimruf der ewigen Liebe.
Brich auf, Seele Mariens:
die himmlischen Boten sind gekommen!
Sie wollen die Wiege holen, in der dein göttliches Kind lag!
Nun bette dich selbst auf dem Herzen,
darunter sein Leben erschlummert,
Nun schmiege dich tief in die Hülle,
die es so zärtlich umborgen!
Brich auf, Seele Mariens, brich auf in der Wiege des Höchsten!
Wie wird dir geschehen, Schneereine?
Du sollst gen Himmel fahren.

Litanei zur Regina Pacis

Lasset uns beten für den Frieden unsrer Erde,
denn der Friede der Erde ist todkrank.
Hilf ihm, süße Jungfrau Maria, hilf uns sprechen:
Friede sei dem Frieden unsrer armen Welt.

Die du vom Geist des Friedens gegrüßt wurdest,
Erbitte uns den Frieden –
Die du das Wort des Friedens in dich aufnahmst,
Erbitte uns den Frieden –
Die du das heil'ge Kind des Friedens zur Welt geboren hast,
Erbitte uns den Frieden –
Du Helferin des Allversöhners,
Du Willige des Allverzeihers,
Du Hingegebne an sein ewiges Erbarmen,
Erbitte uns den Frieden.

Du milder Mond in den wilden Nächten der Völker,
Wir begehren den Frieden –
Du sanfte Taube unter den Geiern der Völker,
Wir ersehnen den Frieden –

Du sprießender Ölzweig in den dürren Wäldern ihrer
Herzen,
Wir verzehren uns nach Frieden –
Daß die Gefangenen endlich erlöst werden,
Daß die Vertriebenen endlich ihre Heimat finden,
Daß sich alle Wunden endlich, endlich wieder schließen:
Erbitte uns den Frieden.

Um der Lieblichkeit der Erde willen,
Erbitte uns den Frieden –
Um der unversehrten Majestät der Meere willen,
Erbitte uns den Frieden –
Um der reinen Hoheit der Gebirge willen,
Erbitte uns, erbitte uns den Frieden –
Du Geliebte unsres Schöpfers,
Du Gebenedeite seiner Schöpfung,
Du Vertreterin seiner Schöpfung,
Erbitte uns den Frieden.

Um der Angst der Kreaturen willen,
Wir bitten dich um den Frieden –
Um der kleinen Kinder willen, die in ihren Wiegen
schlafen,
Wir bitten dich um den Frieden –

Um der Greise willen, die so gern in ihren Betten stürben,
Wir bitten dich um den Frieden –
Du Mutter der Schutzlosen,
Du Feindin der Herzlosen,
Du klarer Stern in allen Wolken der Verwirrung,
Wir bitten dich um den Frieden.

Die du bei den Sterbenden warst,
        als ihr Blut das Schlachtfeld tränkte,
Erbarme dich des Friedens –
Die du zu uns in die Keller stiegest,
        als die grausen Bomben fielen,
Erbarme dich des Friedens –
Die du dich der armen Frauen annahmst,
        die geschändet wurden,
Erbarme, o erbarme dich des Friedens –
Du Mutter, die mit uns geweint hat,
Du Mutter, die mit uns gebebt hat,
Du Mutter, die mit ihren Kindern trostlos war,
Erbarme dich des Friedens.

Um der Christen willen,
die schon an der Christenheit verzweifeln,
Rette unsren Frieden –
Um der Heiden willen,
die bereits die Christenheit verhöhnen,
Rette unsren Frieden –
Um der ganzen Menschheit willen,
darin Gottes Ebenbild versinkt,
Rette doch, o Mutter, rette doch den Frieden –.
Rette ihn um deines Sohnes willen,
daß er nicht umsonst für uns gekreuzigt wurde – – –

Mutter, Mutter, schmerzensreichste aller Kreaturen,
Nimm in deine Arme die verlorne Welt!
Es ist ein Grauen um uns, wie noch nie gewesen,
Es ist als sännen tausend Finsternisse Blut und Mord!
Mutter, Mutter, unser Friede ist ja schon gestorben.
Es gibt nur noch den Frieden in den Himmeln –

Die du bei uns bleibst, auch wenn sie dich verstoßen,
Die du liebreich bleibst, auch wenn sie dich verachten,
Die du mächtig bleibst,
auch wenn dein zarter Thron auf Erden bricht:
Bitte um die Auferstehung unsres Friedens.

Der dein leeres Grab mit Rosen füllte,
Er schenke dir ein Ostern unsres Friedens –
Der dich mit Flügeln emporriß in die himmlische
Verklärung,
Er schenke dir ein Ostern unsres Friedens –
Der dich gekrönt hat mit der Krone unsrer künft'gen
Seligkeiten,
Er schenke dir ein Ostern unsres Friedens –
Du Braut des lebendigen Gottes,
Du Mutter des auferstandenen Gottes,
Du Königin im Reich des ewigen Gottes.

Amen. Amen. Ja, es wird geschehen.
Ostern wird es werden für den toten Frieden,
Friede wird es werden um den Frieden dieser armen Welt.

Das Königslied hebt an mit der Liebe,
die wird von der Königsbraut gebetet.
Erwache, Welt, denn die Schönste erhebt die Stimme!
Stehe auf vom Lager, denn es ruft deine Seligkeit –
Was seid ihr so schweigsam, ihr Lauten,
und was seid ihr so träge, ihr Geschäftigen?
Ich höre euer Ruhmgeschrei in allen Gassen,
ihr prächtigt in allen Meeren
und triumphieret auf allen Gipfeln:
Wollt ihr nicht die Braut des Höchsten grüßen?
Wahrlich, wer ihr Antlitz sieht, erblickt den König!

II

Man soll den Liebpreis der Braut singen
vor allen Herzen der Erde:
auf ihrem Scheitel liegt der Kuß des Gekrönten.
Ihre Seele ist in seine Herrlichkeit verbetet.
Ihr Leib ist das Geheimnis seiner Liebe.
Er schmückt ihre Hände mit seiner Gnade,
die strömt über alle unsre Grenzen.
Er schmückt ihr Haupt mit einem Stern der Hoffnung,
der lichtet bis über Gräber.
Verlanget für sie, und er schenkt ihr den Frieden der Völker und zum Besitz die Pforten des Himmels!
Er schenkt ihr alle Seelen seiner Herrschaft,
er schenkt ihr noch die verlorenen Seelen zur Seligkeit.
Er mächtigt in ihrer Rede,
und er gewaltigt in ihrem Schweigen;
Er einsamt in ihrer Verlassenheit,
und er herrlicht in ihrer Ehre:
Man soll den Liebpreis der Braut singen
vor allen Herzen der Erde;
man soll sie auf den Thron der Seele heben! –
Das Königslied endet mit der Liebe,
die ist der Kranz der ewiglich Erwählten.

Die letzten Dinge

I

Deine eine Stimme spricht:
Ich sah die Unrast der Welt in einer Wolke dahinfahren:
Die Stille des Abends war wie Sturm in ihren Segeln, sie floh vor dem Untergang der Sonne wie in großen Ängsten.
Denn wohin soll sie sich wenden, wenn der mächtige Schlaf kommt, und wo soll sie Obdach suchen, wenn er sie aus ihrem Zelt treibt?
Es ist umsonst, daß sie die Menschen peinigt und die Gier ihrer Leidenschaft wider ihn anjagt:
Er brauet ihnen dennoch den Trank, davon sie stumm werden!
Die Städte brausen wohl noch eine Weile, aber das große Schweigen sickert schon durch ihre Mauern.
Der Purpur ihrer Schmerzen verdunkelt, und der Purpur ihrer Lüste wird grau wie Dämmerung.
Ihre stolzen Geister werden grau wie Vergessen.
Alles Wollen wird zu Nebel, und alles Wirken wird zu Träumen eines Traums.
Die Könige müssen schlafen, und die Gewaltigen müssen sich hinlegen wie kleine Kinder:
Alle sinken an die Brust der Notdurft, da wird ihre Hoffart wie der schlichte Sand.
Da werden sie alle wie einst in ihren Gräbern –
Herr, erbarme dich der armen Seelen!

II

Und deine Stimme spricht:
Wer bist du, Welt, daß du mir bange machtest? Ich sterbe tausendfach mit meinen Kindern!
Wo ist dein Urteil, das mich beugen könnte? Meine Seele ringt mit dem Gericht des Ew'gen!
Siehe, ich stehe als Letzte auf der großen Brücke des Abschieds, ich halte in den Armen alle, die das Leben wegstößt.
Meine Ohren werden nicht mehr still von ihrem Jammern, und mein Angesicht ist bleich von ihren Ängsten,
Meine Füße sind mit Asche bedeckt bis an die Knöchel, und meine Kleider wollen nicht trocknen vom feuchten Hauch der Grüfte.
Wahrlich, ich bin müde des Grauens, und meine Furcht ist schwach geworden wie die Hände eines Kindleins.
Meine Liebe hat sie überwältigt, sie hat sie ins Knie geworfen, daß sie nimmermehr aufsteht!
Wehe dir, Welt, die du an den Tod glaubst, weil du kalt bist: du wirst einen Tod finden, den du dir nicht träumst!
Du wirst einen Tod finden, den du ewiglich nicht stirbst.
Tröstet euch, ihr Weinenden, frohlocket, die ihr nicht vergesset,
Denn ich will eure Treue zur Verheißung machen, ich will die Becher eures Gedenkens mit Sinn füllen bis zum Rande!

Ich will euer Herz zur Freiheit aufrichten wider alle Sklaven der Vernunft!
Die Glühenden will ich annehmen, und die Entsagenden will ich verschmähen!
Ich will den Liebenden Recht geben im Antlitz der Vernichtung: ich will sie auf den Thron des ewigen Lebens setzen!
Ich will sie über die Gerechtigkeit erheben: ich will sie tragen bis an die Barmherzigkeit des Herrn!

III

Deine Stimme spricht:
Ich weiß, daß sie mich verspotten,
ich weiß, daß sie sich über mich erzürnen,
ich weiß, daß sie an mir im Finstern tasten,
Denn sie hören meine Stimme wohl,
und sie spüren meinen Wiederschein in ihren Herzen,
Aber mein Angesicht können sie nicht sehen: mein Haupt liegt im Schoße Gottes vergraben, ich habe es nicht mehr aufgerichtet viele hundert Jahre!
Die Schatten des Allwissenden sind um mich gewachsen, und seine Geheimnisse wuchern über meiner Stirn wie dunkles Moos.
Denn ich bin getauft auf den, der da heißt: »Unerkennbar« und des Herrlichkeit sich nennet: »Tief Verborgen.«
Er bedeckt seine Ewigkeit mit fließenden Wogen und seine Unendlichkeit mit Stürmen, die sich ausbrausen.
Er läßt die Gewitter scheinen, als ob sie Herr wären, er verbirgt alle seine Kräfte unter Namen, die Menschen geben.
Er verbirgt seinen Geist unter ihren Herzen, er verbirgt seine Liebe unter Brot und Wein.
Siehe, ich bin unterworfen den Schleiern meiner Schwachheit, ich bin unterworfen den dunklen Schleiern der Verkennung,

Ich bin unterworfen den Schleiern meiner Brautschaft, ich
bin unterworfen den weißen Schleiern meines
himmlischen Erbes.
Denn an dem, was du nicht siehst, sollst du mich erkennen,
und an dem, was dir bange macht, soll mich deine
Seele glauben.

IV

Und deine Stimme spricht:
Aber wenn einst anhebt das große Ende aller Geheimnisse,
Wenn der Verborgene heraufblitzt in den schrecklichen Gewittern der entfesselten Liebe,
Wenn sein Heimriß wie Sturm durch das All tönt und aufjauchzen wird die verschüttete Sehnsucht seiner Schöpfung,
Wenn die Bälle der Gestirne in Flammen ausbrechen und auffahren wird aus ihrer Asche das befreite Leuchten,
Wenn die dichten Dämme der Stoffe zerreißen und loslassen werden alle Schleusen des Unsichtbaren,
Wenn die Jahrtausende wie Adler zurückbrausen und heimkehren werden zur Ewigkeit die Geschwader der Aeonen,
Wenn die Gefäße der Sprachen zerbersten und hervorstürzen wird das reißende Gewässer des Niegesagten,
Wenn die einsamsten Seelen ans Licht kommen und heraufgespült wird, was keine von sich selbst wußte:
Dann wird der Enthüllte mein Haupt aufrichten, und vor seinem Blick werden meine Schleier emporfahren in Feuer,
Und ich werde daliegen wie ein nackender Spiegel im Angesicht der Welten.
Und die Gestirne werden ihr Loblicht in mir erkennen, und die Zeiten werden ihr Ewiges in mir erkennen, und die Seelen werden ihr Göttliches in mir erkennen,
Und Gott wird seine Liebe in mir erkennen.

Und es wird kein Schleier mehr über mein Haupt fallen
wie das Blenden meines Richters.
Darin wird die Welt versinken.
Und der Schleier wird Gnade heißen, und die Gnade wird
Unendlichkeit heißen.
Und die Unendlichkeit wird Seligkeit heißen. Amen.

NACHWORT

DICHTUNG DES GLAUBENS

Die *Hymnen an die Kirche* erscheinen als erstes bedeutungsvolles Werk le Forts zwei Jahre vor ihrer Aufnahme in die katholische Kirche. Sie sind bis heute ein bleibendes Zeugnis christlicher Dichtung und blicken auf die Verwandlung und Rettung des Menschen durch den Glauben. Ihre menschliche Sprache birgt gleich zerbrechlichen Gefäßen eine selten anmutende Schönheit voll geistlicher Kraft.[1]

Die vorliegende Auslegung sucht die innere Gestalt dieser großen Dichtung des Glaubens in wesentlichen Konturen zu skizzieren und ist als Skizze kein umfassender Kommentar. Sie klärt vielmehr die Voraussetzungen, von denen le Forts Dichtung ausgeht, und bemüht sich um ein Verständnis der *Hymnen* im Licht dieser Voraussetzungen.

Zunächst ist die Wirklichkeit einer geistlichen Lyrik zu vernehmen, die auch ohne Vergleiche und Rückverweise auf Quellen zum Leser spricht. Doch lebt jede echte Unmittelbarkeit von Vorgaben, die ein Verständnis ermöglichen. Der unmittelbare Zugang ist im Rückgriff auf Quellen einem naiven Verstehen zu entreißen.

1 Vgl. 2 Kor 4,7. Die Hymnen nennen *Gefäße der Sprache*, die im Zuge der endzeitlichen Vollendung *zerbersten* werden (*Letzte Dinge IV*). Alle Originalzitate aus dem Werk der Dichterin werden im Nachwort kursiv gesetzt und dadurch vom übrigen Text abgehoben.

Die philosophischen, theologischen und sprachlichen Grundlagen der *Hymnen* sind mit dem Bildungsweg der Dichterin verwoben und bleiben für ihr gesamtes Werk von Bedeutung. Die Nähe zur Heiligen Schrift ist vorrangig zu nennen. Wie le Fort in einem Gespräch mit Maria Eschbach bestätigt, finden die *Hymnen an die Kirche* ihr stärkstes Vorbild im göttlichen Wort der Offenbarung, besonders in der Psalmendichtung.[2] Doch vernimmt sie in vielen Büchern der Bibel eine verborgene dichterische Kraft. In ihren Betrachtungen zum *Wesen der christlichen Dichtung* spricht sie explizit von der Schönheit der Psalmen und Klagelieder der Propheten, von der Schönheit der gewaltigen Visionen der Apokalypse und des Hohen Liedes der Liebe.[3] Ausgewählte sprachliche Bilder der *Hymnen* beziehen sich auf diese biblischen Bücher.

Von hoher Bedeutung für die protestantisch erzogene Dichterin bleibt *Martin Luther* durch seine wertvolle Übersetzung der Heiligen Schrift (und damit auch der Psalmen). Die vorliegende Interpretation bezieht sich in ausgesuchten Schriftzitaten auf diese Übersetzung. Zudem überträgt Luther alte kirchliche Hymnen in die deutsche Sprache und regt die Tradition der Psalmendichtung an, in welche sich die *Hymnen* einfügen.

Aber nicht nur die Offenbarung prägt das Denken und die Sprache der Dichterin. In den Jahren vor der Entstehung der *Hymnen* hört sie in Heidelberg die Vorlesungen von Ernst Troeltsch. Das Interesse der Schülerin am Werk des Lehrers ist so groß, dass sie die Herausgabe der *Glau-*

2 Vgl. die Ausführungen von Maria ESCHBACH: „Hymnen an die Kirche" der Gertrud von le Fort, Würzburg: Echter 2011, 37f.

3 Vgl. Gertrud von LE FORT: Woran ich glaube und andere Aufsätze, Zürich: Arche 1968, 89f.

benslehre auf der Grundlage ihrer eigenen Mitschriften ein Jahr nach den *Hymnen* posthum verwirklicht.[4] Auf den Tod von Troeltsch (1923) folgt das Erscheinen der *Hymnen an die Kirche* (1924), dann die *Glaubenslehre* (1925), schließlich die Aufnahme in die römisch-katholische Kirche (1926). Obwohl le Fort an Gedanken des protestantischen Theologen anschließt, übernimmt sie seine Ideen nicht ohne Kritik. Sie erfährt, dass das Denken ihres Lehrers letztlich ergebnislos bleibt, da es der Subjektphilosophie verhaftet ist, und möchte die Begrenztheit der *Glaubenslehre* überwinden. Das dichterische Erleben spiegelt den Weg aus der Sphäre *des ewigen Allein* des Subjekts in die Wirklichkeit und Gegenwart dessen, was ist, jenseits der Grenzen des Subjekts und seiner Bewusstheit. Die Öffnung zum anderen, zum wahren Gott, wie auch zur ganzen Welt geschieht durch die Vermittlung der Kirche und wird zum befreienden Ereignis.

Darüber hinaus gewinnt die Dichterin durch die Vorliebe ihres Lehrers einen besonderen Zugang zu den Schriften der Mystiker, besonders zur spanischen und deutschen Mystik.[5] So liegt es nahe, die *Hymnen* in einem Gespräch mit großen geistlichen Werken zu vernehmen, die inhaltliche wie sprachliche Vergleichsmomente erlau-

4 Antje KLEINEWEFERS spricht von einer „höchst eindrucksvollen Verknüpfung dieser Daten. Siehe Textbeilage zu dem von der GvlF-Gesellschaft herausgegebenen Hörbuch zu den *Hymnen* „Es liegt ein Traum von dir in meiner Seele", Fulda: Petra Kehl 2010, 7. Vgl. weiters die Ausführungen von Gisbert KRANZ: Gertrud von le Fort. Leben und Werk in Daten, Bildern und Zeugnissen, Frankfurt: Insel 1976, 201.

5 Vgl. dazu die Ausführungen von Karl-Ernst APFELBACHER: Frömmigkeit und Wissenschaft. Ernst Troeltsch und sein theologisches Programm, München: Schöningh 1978, 48 bzw. 158.

ben. Dies gilt im Besonderen für die geistliche Dichtung des *Johannes vom Kreuz*, der wie le Fort die Verwandlung der Seele durch Gott besingt.[6] Seine Schriften werden in deutscher Übersetzung ebenso wie die *Hymnen* im Theatiner-Verlag herausgegeben, so 1924 (im selben Jahr wie die *Hymnen*) die „Lebendige Liebesflamme".[7] Andere Mystiker, deren Grundgedanken die Dichterin begleiten, sind *Dionysius Areopagita* und *Nikolaus von Kues*, fallweise auch *Meister Eckhart*.

Über diese Grundlagen hinaus sind die *Hymnen* als Dichtung des Glaubens mit der Lehre der Kirche und ihrer lebendigen Tradition zu vergleichen. Ausgewählte *Lehrschreiben der Kirche* und Texte *Thomas von Aquins* erlauben, den Standpunkt le Forts im Licht der kirchlichen Verkündigung erscheinen zu lassen. Besonders in Fragen zu Glaube und Vernunft wie auch zum Kirchenbild le Forts scheint ein solcher Vergleich angemessen. Doch bereits die Verortung der *Hymnen* im Raum der Psalmendichtung wird tiefer durch einen Blick auf kirchliche Dokumente erhellt.

6 Le Fort lernt 1923 Theodor Haecker durch Begegnungen und Briefwechsel kennen. Dieser beschreibt die Dichtung von Johannes vom Kreuz als „christliche Kunst" im vollen Sinn, da sie das christliche Leben und die Gnade Gottes voraussetzt. Vgl. Theodor HAECKER: Opuscula, Olten: Summa-Verlag 1949, 427.

7 Der Theatiner-Verlag wurde 1913 von Dietrich von Hildebrand (einem Schüler Edmund Husserls) gegründet und gelangte bereits 1929 an sein Ende. Die Hymnen an die Kirche erscheinen 1924 in einer Reihe mit anderen geistlichen Werken von Johannes vom Kreuz („Gedichte"), Angelus Silesius („Sinnliche Beschreibung der vier letzten Dinge"), Alessandro Manzoni („Die heiligen Hymnen"). Dr. Horst Renz danke ich für den Verweis auf die dem Verlag verbundene Zeitschrift „Roma Aeterna" (1924), 26.

Im Raum der Psalmendichtung

Wie Gesang, so kann auch Dichtung Gebet sein, wird le Fort in einem späteren Aufsatz sagen und dabei auf die *Psalmenpoesie* verweisen.[8] In der Frage der Gattungsbestimmung der Hymnen ist der Blick auf die biblische Grundlage zu richten. Von daher zeigt sich, dass die *Hymnen an die Kirche* in ihrem inneren Wesen Gebet sind, ein Gespräch zwischen Seele und Kirche, die Gottes Gegenwart vermittelt. Entsprechend steht die Seele in einem Hören auf die Stimme der Kirche, durch die Gott spricht.

Die sprachliche Gestalt der *Hymnen* verweist auf den Einfluss Luthers als Übersetzer und Nachdichter der Psalmen. Seine Psalmen-Übersetzung überträgt die Eigenart der Psalmen aus dem Hebräischen ins Deutsche, besonders den Parallelismus, der auch die Verse le Forts prägt. Es handelt sich dabei um eine parallele Gestaltung von zwei oder mehreren Versen, die einander in ihrer Aussage entweder synonym entsprechen, sich antithetisch kontrastieren oder synthetisch weiterführen.[9]

Le Fort lässt sich in ihren *Hymnen* durch die dichterische Form und geistliche Kraft der Psalmen inspirieren,

8 Gertrud von LE FORT: Woran ich glaube, op. cit., 55 f: „(...) *hüllt sich doch das Gotteslob der Benediktinerinnen in das wundervolle Ornat der Psalmenpoesie – der längst verstorbene Dichter betet mit.*" Le Fort erwähnt dazu die Dichtungen der Mechthild von Magdeburg bzw. das „Geistliche Jahr" von Annette von Droste-Hülshoff, das sie der Form nach als ein einziges großes Gebet erachtet.

9 Durch die so beschriebene Parallelgestaltung der Verse entwickelt sich „eine Art von freiem Strophenbau in Distichen, Tristichen und Tetrastichen" (Maria Eschbach, op. cit., 36.) Zur Anwendung dieser Regel in den Hymnen bieten die Untersuchungen von Eschbach über die Form der Hymnen eine Orientierung (ebd., 125 ff).

ohne sich genau an die biblische Grundlage anzulehnen. Sie folgt darin dem Vorbild Luthers, der die Nachdichtung von Psalmen anregt und fördert. Dies zeigen folgende Worte: „Aber es fehlen uns die Dichter oder sie sind noch nicht bekannt, die uns fromme und geistliche Lieder (wie Paulus sagt) schüfen, die würdig wären, in der Kirche Gottes regelmäßig gebraucht zu werden."[10] Luther schreibt sieben Psalmlieder, die entweder eine strenge Bindung an den Bibeltext zeigen („Aus tiefer Not schrei ich zu Dir") oder den Psalmhintergrund erst bei genauem Hinsehen erkennen lassen („Ein' feste Burg ist unser Gott"). In der Folge gibt es entweder eine strengere Form der Nachdichtung, die sich an den Psalm in Struktur, Wort- und Bilderwahl im Sinn einer Paraphrase anlehnt, oder das frei gehaltene „Psalmlied", das auch eine Meditation über einen Psalm-Ausschnitt oder ein einzelnes Psalmwort sein kann. In weiterer Folge entstehen Formen des Kirchenliedes oder geistlicher Oden. Hier sind Namen wie *Paul Gerhardt*, *Johann Scheffler (Angelus Silesius)*, *Martin Opitz*, *Friedrich Gottlieb Klopstock* und *Novalis* zu nennen.[11]

Luther würdigt weiters die Form des Hymnus als Lied der Kirche.[12] So lobt er Ambrosius, der viele schöne „Hymnos Ecclesiae" geschrieben habe. Diese Hymnen seien nun Kirchengesang, weil sie die Kirche angenommen hat und braucht, „als hätte sie dieselbigen gemacht und wären ihre Lieder". Luther übersetzt selbst den Hymnus „Veni re-

10 WA 12, 218, zit. nach Markus JENNY: Kirchenlied I, in: Theologische Realenzyklopädie, hrsg. von Gerhard MÜLLER, Berlin: Walter de Gruyter 1989, 612.

11 Ebd., 612–624.

12 Ebd., 603–607.

demptor gentium" („Nun komm, der Heiden Heiland") von Ambrosius sowie weitere Hymnen aus der Tradition der alten Kirche. Der Hymnus ist hier ein Preislied der Kirche und bestimmt als solches das Werk le Forts.

Die *Hymnen an die Kirche* fügen sich in die Tradition der Psalmlieder ein, insoweit sie inhaltliche und formale Bezugspunkte zu den Psalmen aufweisen. Als Loblieder an die Kirche sind sie jedoch wahrhaft Hymnen, die als Form des Gebetes immer schon dem Raum der Kirche angehören.[13]

Auch von katholischer Seite kann le Fort an die Bedeutung der Psalmendichtung erinnert worden sein, so etwa durch Papst Pius X., dessen Apostolische Konstitution „Divino afflato" im Jahr 1911 erschien.[14] Noch lange vor ihrem Eintritt in die katholische Kirche wird dieser Papst für sie zum Boten der anderen, göttlichen Welt: Sein Antlitz sei ihr *unvergesslich geblieben als das Antlitz eines Heiligen,* sagt sie 1908 nach einer bedeutsamen Begegnung in Rom.[15] Da sie die „ewige" Stadt immer wieder in ausgedehnten Aufenthalten besuchte, ist

13 Im entfernten Kontext sind le Forts *Hymnen* vom weiteren Kreis der deutschen Hymnendichtung, wie etwa jener Hölderlins, umgeben.

14 Die apostolische Konstitution klärt, dass die Psalmen „durch göttliche Eingebung *(divino afflato)*" verfasst worden sind, von daher erhellt sich der Titel dieses päpstlichen Dokumentes, das sich auf zahlreiche Quellen der Väter stützt, darunter Basilius, Athanasius und Augustinus, sowie auf andere kirchliche Schreiben.

15 Gertrud von LE FORT: Hälfte des Lebens, München: Ehrenwirth 1965, 106f: *Aber das eigentlich tief Einprägsame* (...) *war der Heilige Vater selbst – ein Antlitz, das man niemals vergessen konnte, von Güte, Milde und einer transzendenten Unweltlichkeit erfüllt, wie ich noch nie ein Menschenantlitz sah. Es ist mir unvergesslich geblieben als das Antlitz eines Heiligen.* Vgl. Gisbert KRANZ: Gertrud von le Fort, op. cit., 28f.

es denkbar, dass sie vom Inhalt des päpstlichen Schreibens hörte.

„Divino afflato“ führt die tiefe geistliche Tradition und Wirkkraft der Psalmendichtung als Stimme der Kirche vor Augen und korrespondiert dadurch mit den *Hymnen an die Kirche*. Die apostolische Konstitution blickt auf die Psalmendichtung, die von Anfang an durch die Liturgie der Kirche spricht und bereits die Gottesdienste des Alten Bundes erfüllt. Denn diese darf über alle irdische Zeit hinaus „die Tochter jenes Hymnengesanges genannt werden, der da immer erschallt vor dem Throne Gottes und des Lammes“[16]. Mit den Psalmen wird die „ecclesiae vox“, d. h. „die Stimme der Kirche“ gleichsam geboren.[17] Eine tiefe Wirkung kommt dieser Stimme zu: Sie belebt die Frömmigkeit der Gläubigen und belehrt über das Lob Gottes. Sie wird zum Spiegel für die Regungen des betenden Herzens und tränkt das Gemüt mit dem Trost der Wahrheit, da sie die Herrlichkeit des Allmächtigen preist. Die *Hymnen an die Kirche* sind an diese Stimme, an die *„ecclesiae vox“*, gebunden.

Die Bildhaftigkeit der Hymnen

Da die *Hymnen* der Psalmendichtung nahestehen, findet sich der Leser mit einer überreichen Bilderfülle und ihrer zeichenhaften Bedeutung konfrontiert. Die Bildhaftigkeit der *Hymnen* als geistlicher Dichtung erinnert daran, wie

16 Die Apostolische Konstitution „Divino afflato“ zitiert die Bulle „Divinam Psalmodiam“ von Papst Urban VIII.

17 Dieses Wort von Basilius ist zitiert nach „Divino afflato“: Basilius: Homil. in Ps. 1 n. 2.

hoch das Göttliche über allem steht, was der Mensch zu sagen weiß. Die Dichterin selbst gibt uns die klärenden Worte:

An allen Ufern meiner Augen ist kein Bild,
das dir gleichkäme:
(Heimweg I)

Die *Hymnen* sammeln die Bilder der menschlichen Sprache, um Gottes Gegenwart in seiner Kirche vernehmbar zu machen. Doch reicht der weite Horizont der Schöpfung nicht hin, um das göttliche Geheimnis abzubilden. Kein einziges der dichterischen Bilder spiegelt das göttliche Wesen auf angemessene Weise wider. Deshalb sind die Geheimnisse Gottes für das menschliche Denken und Sprechen wie mit Schleiern umgeben. Die *Hymnen* nennen den Glauben der Kirche mehrmals einen Schleier. Die *Stirn* der Kirche ist *mit einem Schleier geschmückt* (*Heiligkeit III*), sie ist den *weißen Schleiern ihres himmlischen Erbes unterworfen* (*Letzte Dinge III*). Erst am Ende der Pilgerschaft auf Erden wird in der Schau Gottes *kein Schleier mehr über ihr Haupt fallen* (*Letzte Dinge III*).

Diese Redeweise ist in der Tradition verankert: Dionysius Areopagita sieht wie Thomas von Aquin die menschliche Sprache und ihre Bilder als Schleier der göttlichen Geheimnisse, wenn er sagt: „Das göttliche Geheimnis leuchtet verhüllt, wie unter dem Wechsel von farbigen Schleiern.“[18] Die dogmatische Konstitution „Dei

18 Dionysius AREOPAGITA: Himmlische Hierarchie, Kap. 1. Zit. nach Thomas von AQUIN: Summa Theologica I q1 a9 ad2. In seinen Ausführungen zur bildlichen Redeweise in der Schrift sagt Thomas: „Der Strahl der göttlichen Offenbarung wird dadurch nicht geschwächt, dass

Filius" vernimmt die göttlichen Wahrheiten „mit dem Schleier des Glaubens bedeckt, gleichsam von einem gewissen Dunkel umhüllt", denn sie übersteigen den geschaffenen Verstand.[19] Der Glaube wird in „Dei Filius" wie bei le Fort zum Schleier über dem Gesicht des Glaubenden.

Durch diese Schleier hindurch sind die *Hymnen* in ihrer Nähe zur Psalmendichtung als Sprache des Glaubens zu lesen. Es gilt, die andrängende Flut der Bilder zu fassen, ohne sich in ihnen zu verlieren. Die Bildhaftigkeit ist in die bezeichnete Wahrheit zu durchbrechen. Dabei wird deutlich: Bilder vermindern die Wahrheit nicht, sondern bewahren das Unsagbare, das durch sie erscheint. Sie bleiben durchlässig für die Wirklichkeit, der sie angehören.

Verweist das sprachliche Bild auf die übernatürliche Welt Gottes, wird es zum Zeichen für den Abstand der endlichen Erkenntnis von der göttlichen Wahrheit. Die metaphorische Rede ist von sich her Ausdruck einer Grenze, die immer schon mitgegeben ist, wo ein Mensch von Gott und seinen Geheimnissen spricht. Denn durch eine Metapher wird nicht nur offenbar, was Gott ist, sondern auch, was Gott nicht ist. Wenn wir Gott einen Felsen nennen, glauben wir nicht, dass Gott ein Fels ist. Das

er durch die sinnenfälligen Bilder – um mit Dionysius zu sprechen, wie verschleiert erscheint. Er bleibt in seiner Wahrheit und lässt den, dem die Offenbarung zuteil wird, sich nicht in diesem Bildhaften verlieren, sondern erhebt ihn darüber hinaus zur Erkenntnis der geistigen Dinge."

19 Dogmatische Konstitution „Dei Filius" des Ersten Vatikanums von 1870, Kap. 4, in: Heinrich DENZINGER: Kompendium der Glaubenserkenntnisse und kirchlichen Lehrentscheidungen, Freiburg: Herder 1991, 819, n. 3016.

Bild bezeichnet vielmehr die Festigkeit und das Bleiben der göttlichen Treue. Auch Begriffe, die in größere Eindeutigkeit weisen, drücken die göttliche Wirklichkeit nicht angemessen aus. Gott ist Wahrheit, und doch Wahrheit über alles menschliche Sprechen und Begreifen hinaus.

Zur Leseanweisung der Dichterin

Gertrud von le Fort stellt ihrer Dichtung eine Erläuterung voraus, die ohne Bild und Gleichnis das Verständnis der *Hymnen* klärt.[20] Die *Einführung* der Dichterin sagt, wie die *Hymnen* zu lesen sind, und ist für deren Auslegung von großer Bedeutung. Hören wir zunächst auf ihre Worte:

> *Die „Hymnen an die Kirche" stellen ein Zwiegespräch dar. Der nach Gott verlangenden Seele antwortet Gott durch die Stimme der Heiligen Kirche.*
>
> *Die noch tief in sich selbst gefangene Seele vernimmt diese Stimme zunächst in ihren Meditationen als staunendes und erschreckendes Innewerden der übernatürlichen, ihre eigenen Schranken sprengenden Wahrheit und Liebe der Kirche. Es entspinnt sich ein Kampf im Inneren der Seele, der mit der vertrauensvollen Hingabe der Seele an die übernatürliche Wahrheit und Liebe der Kirche endet.*

Zu Beginn klärt le Fort das Verhältnis von Gott und Kirche: *Gott selbst antwortet der Seele, die nach ihm verlangt,*

20 Die Dichterin gleicht darin Johannes vom Kreuz, der seine mystischen Schriften mit Vorbemerkungen versieht.

durch die Stimme der Kirche. Die durch die Kirche vermittelte Rückführung auf Gott als den Urheber jeglicher Bekehrung wird betont und für das gesamte Werk gewahrt. Entsprechend heißt es in der Hymnenreihe *Corpus Christi Mysticum* von der Stimme der Kirche:

> *Aber du bist eine Stimme mitten in der Seele.*
> *(Corpus Christi II)*

Le Fort gibt dadurch zu verstehen, dass nicht zuerst die Kirche den Menschen bekehrt, sondern Gott uns durch die Kirche zu sich ruft. Die Kirche führt den Menschen unmittelbar zu Gott: Sie lässt Gott selbst durch Zeichen und Worte erscheinen. Gleichzeitig verweist der genannte Vers zurück auf den *Prolog.* Dort wird Gottes Stimme (und nicht die Stimme der Kirche) jedoch nur in den eigenen Gedanken der Seele vernommen, die in großer Verunsicherung fragt: *Wie bist Du herein gekommen, Du Stimme meines Gottes?* Gottes Stimme spricht von nun an in allen Hymnen durch die Vermittlung der Kirche, die den Menschen in die Wege des Glaubens einführt.

Die Begegnung mit der übernatürlichen Wahrheit und Liebe der Kirche lässt die in sich selbst gefangene Seele erschrecken. Dieses Erschrecken wird erst in der Hymnenreihe *Heimkehr zur Kirche* überwunden. Die Stimme der in sich kreisenden und deshalb in sich gefangenen Seele verschafft sich anfangs durch eigene Meditationen Gehör und findet erst durch Schritte der Hingabe zur ruhigen Stimme der Kirche, welche die Seele aus ihrer Eingeschlossenheit in sich selbst befreit. In den Abschnitten *Heiligkeit der Kirche / Das Beten der Kirche / Corpus Christi Mysticum* wendet sich die Rede in den Lobpreis. Ein wahrhaft hymnisches Sprechen setzt ein. In le Forts *Einführung* heißt es von daher weiter:

> *Nun erst kann die Kirche von der Seele wirklich erkannt, geliebt und gepriesen werden. Das Erschrecken verwandelt sich in Dank und Jubel. Die Heilige Kirche beginnt selbst zur Seele zu sprechen, sie über ihr Wesen zu erleuchten und durch den Kreis der ihr anvertrauten beseligenden Geheimnisse Gottes zu führen. Hierbei tritt die Seele mit ihrer eigenen Stimme mehr und mehr zurück, bis sie, der Heiligen Kirche gänzlich vereinigt, nur noch deren Stimme lauscht.*

Sobald die Seele mit der Stimme der Kirche vereint ist, spiegelt sich die Liebe zur göttlichen Weisheit in ihren Worten. Die menschliche Stimme wird der Stimme der Kirche, die aus der Wahrheit ist, ähnlich. In der Hymnenreihe *Das Heilige Jahr* spricht nur noch die Kirche, die Seele aber schweigt. Durch das Hören wird sie zum Bild des Glaubens, der durch die Kirche vermittelt wird. Denn der Glaube kommt zunächst vom Hören (Röm 10,14). Die Seele lässt sich hörend ein auf die Stimme der Kirche, die den Ablauf der Feste des liturgischen Jahres besingt. Die Hymnenreihe *Die letzten Dinge* blickt voraus auf die endzeitliche Vollendung, die dieses Zwiegespräch des Glaubens dem *großen Ende aller Geheimnisse* entgegenführt.

Der Prolog

Le Fort wächst in einem geistigen Klima auf, das stark von der Philosophie der Subjektivität geprägt ist. Dieses Klima umgibt den Entstehungsraum der *Hymnen* und prägt die protestantische Theologie von Ernst

Troeltsch.[21] Le Fort wird während ihres Studiums in Heidelberg in die geistigen Räume seines Denkens eingeführt, sieht aber letztlich auch das Scheitern ihres Lehrers, dessen Ringen für Interpreten schwer aufzulösen ist.[22] In seinen Werken zeigt sich eine seltsame Verquickung von religiös-mystischen Motiven mit philosophisch-theologischen Grundlagen, die sich oft widersprüchlich gegenüberstehen.

Ab 1913 nähert sich Ernst Troeltsch in seinen „Gesammelten Schriften" der leibnizschen Monadenlehre an. 1915 bekennt er sich in der „Theologischen Literaturzeitung" zur Notwendigkeit der „Wiederaufnahme und Neubildung der alten Mikrokosmoslehre oder der Monadologie, die (...) von Leibniz her auch bei Kant den verborgenen Hintergrund seiner Aufstellungen bildet."[23] Auch die Glaubenslehre steht im Raum der Subjektphilosophie.[24] In den *Hymnen* le Forts

21 Vom Sommersemester 1908 bis zum Wintersemester 1915/16 studiert Gertrud von le Fort für insgesamt neun Semester als Gasthörerin an Universitäten, davon sieben in Heidelberg. Vgl. Gisbert KRANZ: Gertrud von le Fort in Leben und Werk, op. cit., 197–200.

22 Vgl. Gertrud von LE FORT: Hälfte des Lebens. Erinnerungen, München: Ehrenwirth 1965, 88. Die Dichterin sagt: *Im übrigen ist es richtig, wenn jene Gedächtnisschrift darlegt, Troeltsch selbst habe sich als einen Gescheiterten bezeichnet. In der letzten Unterredung, die ich wenige Monate vor seinem Tode mit ihm hatte, war er tief davon durchdrungen, gescheitert zu sein.*

23 Das angeführte Zitat von Troeltsch findet sich in der „Theologischen Literaturzeitung" (ThLZ 1915, Sp. 472), zit. nach Karl-Heinz APFELBACHER: Frömmigkeit und Wissenschaft, op. cit., 152f. Apfelbacher sieht die Wendung zur „monadologischen Metaphysik" am Ende des dritten Bandes der „Gesammelten Schriften" (1922) schon seit 1913 durch den zweiten Band vorbereitet.

24 Vgl. Ernst TROELTSCH: Glaubenslehre. Nach den Heidelberger Vorlesungen aus den Jahren 1911 und 1912, hrsg. v. Gertrud von le

erinnert der subjektiv geschlossene Seelenraum des *Prologs* in seinem ewigen Allein bildhaft an eine Monade: Sie hat „keine Fenster, durch die etwas hinein- oder heraustreten kann", doch kennt sie nach Leibniz wohl den Wechsel von inneren Vorstellungen und Begehren. Als autonome Abbilder Gottes können menschliche Seelen in eine gewisse Gemeinschaft mit Gott treten.[25]

In seiner unveröffentlichten Vorlesung zur Religionsphilosophie, deren fragmentarische Nachschrift von 1915/1916 sich auch im Nachlass le Forts findet, sagt Troeltsch:

> Nicht so, wie wir gehen und stehen, ist Gott mit uns, sondern durch eine unergründliche Urtatsache hat sich das göttliche Leben in die Monaden verwandelt und eine Rückkehr ist nur möglich durch die Erneuerung des Geistes.[26]

Der Hintergrund einer stark subjektiv geprägten Seelenlehre verbindet sich in Troeltsch mit theologischen Vorstellungen von Natur und Gnade. Die Glaubenslehre

Fort, (München: Duncker & Humblot 1925), 59: „Dagegen verträgt sich die christliche Religiosität mit einer idealistischen Metaphysik, sei sie nun mehr erkenntnistheoretisch angelegt als subjektiver Idealismus oder mehr spekulativ als objektiver Idealismus. Insofern steht sie zusammen mit dem idealistischen Hauptstrom der modernen Philosophie von Descartes und Leibniz bis auf die modernen Idealisten." Weitere Verweise auf die *Glaubenslehre* werden von nun an meist im Haupttext (abgekürzt als GL) innerhalb von Klammern zitiert.

25 G. W. LEIBNIZ: Monadologie, hrsg. von Hermann Glockner, (Stuttgart: Reclam 1979), 13–15 (§§ 7–15) bzw. 33 (§§ 83–84).

26 Vgl. die undatierte und unveröffentlichte Vorlesungsnachschrift „Religionsphilosophie", 120. Zit. nach Karl-Heinz APFELBACHER: Frömmigkeit und Wissenschaft, op. cit., 152.

spricht von einer Seele, die von Natur aus mit dem Göttlichen „nur wenig identisch" ist (GL 175). Der innere Gegensatz zwischen „dem bloß vorgefundenen naturhaften Leben und dem daraus und *dagegen* sich erhebenden Geist" (GL 145) führt zu einem „Dualismus", der nach Troeltsch alle Religionen in ihrem Wesen prägt. Einerseits stellt sich der Wille auf sich selbst, d. h., er will sich selbst. Der Mensch tendiert dann zur Selbstverwirklichung nach seinen Wünschen. Andererseits sehnt sich der Wille nach dem Höheren. Denn nur durch Hingabe an dieses Höhere findet der Mensch die Seligkeit, die als *seine* Seligkeit immer noch subjektiv geprägt ist:

> Es handelt sich in der Religion stets um den Zustand der *Unseligkeit der auf sich selbst stehenden Seele*, um die Erkenntnis, daß es etwas Höheres gibt und um die Seligkeit, die zu gewinnen ist durch die Hingabe an dieses Höhere. (…) die Überwindung ist die Erhöhung des *teils sich sehnenden*, *teils sich auf sich selbst stellenden* Willens. Sie vollzieht sich durch Umkehr und Hingabe (…). (GL 169)

Die zwiespältige Sehnsucht des Menschen soll überwunden werden. Dies geschieht durch einen „Bruch" mit den Vorgaben der bloßen Natur, die den Menschen in „die Schwebe eines eigentümlichen Schuldbewusstseins" versetzt. Von Natur aus erwacht der Geist „in einem Zustand, wo er sich bereits als verfälscht findet (…)" (GL 315). Troeltsch verweist darauf mit folgenden Worten:

> Trotzdem wir nicht schuldig sind, haben wir doch ein Gefühl, daß dasjenige, was ist, nicht sein sollte. Wir wachen auf mit gefangener Freiheit und empfinden doch, daß diese Gefangenschaft die Schwäche des Geistes bedeutet (…) Diese Gefan-

genschaft ist eine gewisse Schuld. (...) Sie ist gesetzt mit der Natur (...). (GL 315)

Le Fort nennt die Suche nach einem „religiösen a priori" ein *letztes* und *unabdingbares Bekenntnis* ihres Lehrers.[27] Die unüberbrückbare Distanz zwischen Gott und Mensch ist durch ein entsprechendes Streben nach Einheit zu überwinden.[28] Die Theologie von Troeltsch unterstreicht diese Schwierigkeit, indem sie die Natur als mit Schuld besetzt beschreibt. Die auf sich geworfene Seele findet nicht mehr aus sich heraus und wird sich selbst zum Gegenstand der Reflexion. In diesem Sinn wenden sich die *Hymnen* besonders an den modernen Menschen, der sich als fensterloses Subjekt versteht, das nicht über sich selbst hinauskommt, weil es primär nur sich selbst kennt und liebt.

Die in sich gefangene einsame Seele des *Prologs* spiegelt die verschlossene Vorstellungswelt eines Geistes, der von der Frage nach Gott bewegt wird: *Herr, es liegt ein Traum von dir in meiner Seele, aber ich kann nicht zu Dir kommen, denn alle meine Tore sind verriegelt.* Der Traum von Gott durchdringt die Tiefen der vereinsamten Seele und erinnert an eine Gegenwärtigkeit, die fragendes Staunen weckt: *Wie bist du hereingekommen, Du Stimme meines Gottes?* Aber die hereingekommene Stimme führt nur zu

27 Gertrud von LE FORT: Hälfte des Lebens, op. cit., 88. Vgl. Roswitha GOSLICH: Orientierungssuche im Zeitalter der Angst, Hildesheim: Olms 2003, 58.

28 Siehe dazu Erich PRZYWARA: Ringen der Gegenwart, Bd. 1, Augsburg: Dr. Benno Filser Verlag 1929, 186f. Der mit le Fort später befreundete Theologe widmet ein Kapitel dieses Bandes dem philosophischen Ringen des Ernst Troeltsch.

einem Traum von Gott, nicht zu Gott selbst. Er bleibt der Unerreichbare. Die Stimme Gottes könnte auch nur eine Einbildung der Seele sein, die in allen ihren Vorstellungen auf sich selbst zurückgeworfen wird, auch in der Vorstellung von Gott. So melden sich Zweifel: *Bist du nur der Ruf der wilden Vögel meiner Fluten?* Unauflösbar tönt die Klage: *Ich bin eingeschlossen in mein ewiges Allein!*

Das Subjekt hat die Wirklichkeit und jeden Zugang zu ihr verloren. In allem stößt es nur auf seine eigenen Gedanken, Vorstellungen und Bilder. Diese Bilder sind nur Bilder, nicht das Erscheinen der Wirklichkeit. In allem findet die Seele nur sich selbst. Alles ist ihr zur eigenen Vorstellung geworden. Auch Gott ist eine Vorstellung des Menschen in einem Selbstbewusstsein, das keine andere Wirklichkeit mehr kennt. Entsprechend schwach ist der Glaube, der nur einen vorgestellten Gott kennt, nicht aber die Kraft des wirklichen Gottes, der den Glaubenden trägt.

Auch die Liebe hängt fest an der eigenen Vorstellungswelt. Die natürliche Sehnsucht nach Gott (das *desiderium naturale*) kann den Weg in die Freiheit nicht mehr weisen.[29] Selbst der Versuch der Hingabe an Gott strebt nach

29 Der Mensch ist durch die Natur auf die Vollendung in Gott hingeordnet, obgleich er dieses Ziel nur durch die Gnade erreichen kann. Vgl. Thomas von AQUIN: Super Boetium de Trinitate q6 a4 ad5 bzw. ders.: Summa Contra Gentiles, Bd. 3/1, Kap. 50, bzw. ders.: Summa Theologica I q60 a2. Siehe dazu Gertrud von LE FORT: Das Schweißtuch der Veronika, Ehrenwirth: München 1956, 8. Veronika sagt über einen römischen Brunnen, das Bild für die Seele: „Denn ebenso wie das zarte, lebendige Wasser immer dasselbe rauschte, so spürte ich auf dem Untergrund aller meiner Wünsche und Begehrungen immer einen einzigen leisen, aber unüberwindlich starken Ruf." Dieser Ruf spricht bereits als Ruf Gottes.

einer eigenen Seligkeit und bleibt in sich gefangen, ohne zu Gott zu kommen. Doch mahnt der Traum Gottes eine Fülle von Wirklichkeit an. Gottes Gegenwart wird erträumt, weil sie nicht durch sich gegeben ist, und wird so auf schwache, richtungslose Weise ersehnt. Das Sehnen bleibt durch den Wirklichkeitsverlust an sich gebunden. Der Wille schwingt nicht mehr in die unendliche Weite ein, die den Menschen über sich hinaus verweist. Die klagende Seele kennt keine wahren Flügel, die zum unendlichen Gut erheben. Statt einer Hoffnung, die sich auf Gott und das ewige Leben richtet, gibt es endliche Ziele, die nicht über Höhen und Tiefen der Seele hinausführen. Statt einer wirklichen Liebe, die sich dem Guten um seiner selbst willen zuneigt, bleibt eine an sich selbst gebundene Liebe, die nur sich selbst kennt und nicht mehr den Weg zum anderen. Die „Seelenburg" mit ihren vielen Kammern bleibt von Unruhe und flüchtiger Vergänglichkeit bestimmt.[30]

Der Heimweg zur Kirche

Die auf den *Prolog* folgenden Hymnen beschreiben die Umgestaltung des Menschen durch die Gnade. Der Geist Gottes durchdringt und verwandelt durch die Vermittlung der Kirche die Seele. Um das Göttliche

30 Der Ausdruck „Seelenburg" findet sich bei Maria ESCHBACH: „Hymnen an die Kirche" der Gertrud von le Fort, op. cit., 47. Es geht ihr wohl um das Werk „Die innere Burg" der Teresa von Avila, welches die Seele in verschiedene Wohnungen fasst, die von einer Ringmauer umgeben sind und deren Mitte der geheimnisvolle Ort der Begegnung von Gott und Mensch ist.

einzulassen, muss der menschliche Geist sich zurücknehmen, sich selbst sterben und nach den Worten le Forts verlöschen. Das Bild des Feuers spricht aus folgenden Versen:

> *Denn wen Gott reden heißt, den heißt er schweigen,*
> *und wen sein Geist entzündet, der erlischt.*
> *(Heimweg VII)*

Die mystische Tradition fasst die Umgestaltung des Menschen durch den Glauben in das Bild des verzehrenden Feuers: Die Flamme bereitet langsam das Holzscheit zu, um es zur Glut zu bringen. Es braucht Zeit, bis das Dunkle und Feuchte und alles, was dem Feuer widerstrebt, im Holz beseitigt ist. Johannes vom Kreuz erläutert die erste Strophe seines Gedichtes „Lebendige Liebesflamme" mit folgenden Worten:

> Diese Flamme, nämlich der Heilige Geist, verzehrt die Seele und macht ihre Unvollkommenheiten (...) zunichte.
>
> Sie ist nicht erquickend und beruhigend, sondern vernichtend und vorwurfsvoll, indem sie die Seele ihre Ohnmacht fühlen lässt und sie durch Erkenntnis ihrer selbst peinigt.[31]

Meister Eckhart betont die Widerstände der Seele, die sich erst beruhigen, wenn die Umwandlung in Gott als neue Geburt vollzogen ist. Was im „Holz" des Menschen dem Göttlichen unähnlich ist, muss vom Feuer der Gnade

31 Johannes vom KREUZ: Lebendige Liebesflamme, hrsg. und übersetzt von P. Aloysius ab Immac. Conceptione, (München: Theatiner Verlag 1924), 20ff (Erklärung zur ersten Strophe). Siehe auch Thomas von AQUIN: Summa Contra Gentiles, Bd. 3/2, Kap. 152.

durchdrungen werden, um ruhig mit der göttlichen Flamme zu brennen.

> Jedoch beruhigt, beschwichtigt und begnügt sich je weder Feuer und noch Holz (...) bis daß das Feuer sich selbst in das Holz gebiert und ihm seine Natur und sein eigenes Sein übermittelt. (...) Und deshalb gibt es, bis es dahin kommt, immer ein Rauchen, Sich-Bekämpfen, Prasseln, Mühen und Streiten zwischen Feuer und Holz. Wenn aber alle Ungleichheit weggenommen und abgelegt ist, so wird das Feuer still und schweigt das Holz.[32]

Le Fort sieht auf ähnliche Weise ein Verlöschen des menschlichen Sprechens im Feuer der Sprache Gottes. Solange das Denken und Lieben dem Geist Gottes noch unähnlich ist, widerstrebt die Seele der Stimme der Kirche. Die subjektiven Vorstellungen und falschen Anhänglichkeiten binden den menschlichen Geist noch an sich selbst und streiten mit der Wirklichkeit Gottes, die durch den Glauben zu neuem Leben erwecken möchte.

Das Geschehen der Reinigung vollzieht sich demnach in zwei Schritten: Zunächst muss die Seele aus dem Gefängnis der Subjektivität heraustreten, das sich im *Prolog* erschütternd gezeigt hat. Dann darf der Glaube den Menschen über die Grenzen der natürlichen Vernunft hinausführen und mit der göttlichen Weisheit vereinen. Im *Heimweg zur Kirche* fallen diese beiden Schritte durch die dichterische Darstellung in eins und sind doch im Zuge einer Auslegung zu trennen.

32 Meister ECKHART: Deutsche Predigten und Traktate, hrsg. und übersetzt von Josef QUINT, (Zürich: Diogenes 1979), 117f.

Die Befreiung der Seele von sich selbst geschieht nicht ohne Schmerzen. In ihrer Gefangenschaft wurde sie sich selbst zum Kerker. Dieser ist nur schwer zu sprengen, da die subjektive Verschlossenheit wie eine zweite Natur der Seele anhaftet und daher ihr wahres Wesen, ihre Offenheit für die Stimme der sie umgebenden Wirklichkeit, verdeckt. Die Kirche spricht daher zur Seele:

Dass ich dich aufkettete wie einen Kerker
und dich vor die Tore deines Geistes risse.
(Heimweg VI)

Die Ketten der schattenhaften Gedanken hängen zerbrochen über dem Abgrund der Verlorenheit des Geistes im eigenen Selbst (*Heimweg III*), denn die subjektiven Vorstellungen wurden zum Hindernis für das Erscheinen Gottes, der allein durch seine Wahrheit befreit. Es gibt keinen Weg zurück in die Enge des verschlossenen Vaterhauses, aus dem die Seele entronnen ist (*Heimweg IV*). Ihre *Anker*, die sie im eigenen Selbst befestigten, sind nun *gelichtet* (*Heimweg IV*).

Eine zweite Ebene der Reinigung wird auf dem *Heimweg zur Kirche* vollzogen. Das „Holz" der Seele wird durch den Glauben verwandelt, der das Fassungsvermögen der Vernunft übersteigt. Auch hier widerstrebt die Natur anfänglich dem Wirken der Gnade. Der Mensch darf im Glauben nicht mehr nur sich selbst und seinen Einsichten gehorchen. Es gilt, auf Gott zu hören und die göttliche Wahrheit als die Wahrheit eines anderen zu übernehmen.

Entsprechend lässt le Fort die Vernunft sprechen:

Nie wieder werde ich wandeln unter dem Stern meiner Augen
und am Stabe meiner Kraft!
(Heimweg IV)

Die Vernunft muss lernen, sich nicht nur auf ihr natürliches Denken zu verlassen. Das dunkle Licht des Glaubens führt sie über sich selbst hinaus und gibt ihr die Fähigkeit, auf die Offenbarung des Allerhöchsten zu hören. Der menschliche Geist kann die göttliche Wahrheit nur annehmen, nicht aber durch seine eigenen Prinzipien begründen oder erkennend durchdringen. Die Seele schreitet aus mit Schritten des Glaubens, die nicht mehr nach menschlichen Maßstäben zu setzen sind. Die Hymne *Advent* fragt von daher:

Kann man auch schreiten ohne Schritte?
Kann man auch treten in die nackte Luft?
Kann man auch lieben ins Sprachlos-Ew'ge?
(Advent I)

Die Seele wehrt sich zunächst gegen das *Gesetz des Glaubens* (Röm 3,27), da es ihr *furchtbar* und *fremd* erscheint. Ihre Klage gilt der Kirche, die sie zugleich vertrauensvoll *Mutter* nennt (*Heimweg III*). Der menschliche Verstand ringt mit einer nicht aufzulösenden Forderung:

Du heißt mich mein einziges Licht löschen
Und heißt mich es wiederentzünden
an der Finsternis der Nacht!
(Heimweg III)

Der menschliche Geist soll *blind* werden, um neu zu *sehen* (*Heimweg III*). Gleich dem Nachtvogel, der durch das

Sonnenlicht geblendet wird, trifft das göttliche Licht die Vernunft wie ein „Strahl der Finsternis" (Dionysius).[33] Das Licht der göttlichen Wahrheit verdunkelt die Vernunft in ihren Grenzen. Der Glaube erscheint deshalb für die Vernunft wie eine Nacht. Sie muss sich als höchstes Prinzip des Erkennens loslassen, um vermittels des Glaubens durch den dunklen (in sich jedoch überhellen) Erkenntnisgrund Gottes getragen zu werden. Sie wird in ihre eigenen Grenzen gewiesen, dadurch gereinigt und zugleich (durch Zustimmung des Willens) von Gott selbst als der Wahrheit geführt.

Auch wenn die Vernunft nach le Fort zunächst verlöschen muss, um dem göttlichen Licht als Prinzip des Erkennens Raum zu bieten, wird ihr Wesen durch den Glauben nicht vernichtet, sondern zum Erblühen gebracht. Durch den Horizont des Glaubens darf sie in ihre Heimat finden und wird im Vernehmen der göttlichen Weisheit mit vielfacher Erkenntnis beschenkt und erleuchtet.[34] In der Hymne *Corpus Christi Mysticum I* tritt die Vollendung der Natur durch die Gnade ans Licht. Le Fort hat hier nicht wie Troeltsch den Bruch mit einer in sich ungenügenden Natur vor Augen, obgleich sie zuvor sagt: *Denn wen sein Geist entzündet, der erlischt (Heimweg VII).* Nun gilt für das Wirken der Gnade das Prinzip, dass Gnade die Natur voraussetzt:

33 Die klassischen Bilder sind hier zitiert nach Johannes vom KREUZ: Die Dunkle Nacht, hrsg. und übersetzt von H. U. v. BALTHASAR, (Einsiedeln: Johannes 1978), 81 f (zweites Buch, Kap. 5). Siehe dazu: Dionysius AREOPAGITA: Mystische Theologie, I 1.

34 Vgl. dazu die Lehre der dogmatischen Konstitution „Dei Filius" des Ersten Vatikanischen Konzils von 1870, Kap. 4, in: Heinrich DENZINGER, op. cit., 818 ff, n. 3016.

Du bist wie ein Aufblühn unsrer Heimat.
Du bist wie ein Lichtwerden unsrer dunklen Vernunft.
(Corpus Christi I)

Le Forts Auseinandersetzung mit Troeltsch: Hymnen und Glaubenslehre

Der *Heimweg zur Kirche* verweist sowohl sprachlich als auch inhaltlich durch unübersehbare Vergleichsmomente auf den vierzehnten Paragraphen der *Glaubenslehre* von Troeltsch, „Gott als Liebe". Es ist anzunehmen, dass le Fort diese ausgewählte Stelle bewusst in die *Hymnen* aufnahm und damit ein entscheidendes Thema ihres Lehrers dichterisch bearbeitet. Doch zeigt sich in diesem Vergleich, dass die Dichterin in den *Hymnen an die Kirche* über die Aussagen der *Glaubenslehre* hinausgeht. Im genannten Text geht es um das mystische Geschehen der „Willenseinigung" des Menschen mit Gott, das Troeltsch mit folgenden Worten beschreibt:[35]

> Das wahrhaft Gute (...) kommt aus der *Willenseinigung* mit Gott. (GL 221)

> Die erste Wirkung (der göttlichen Liebe) ist gar nicht das Gefühl der nahenden Liebe, sondern *Zerbrechung*. Das bedeutet keinen Gegensatz; denn wir haben hier nicht menschliche Liebe vor uns, sondern eine Liebe, die sich auf ewigen Gehalt

35 Die kursiven Betonungen werden in den nun folgenden Zitaten der *Glaubenslehre* zugefügt.

richtet. Es ist keine sentimentale Liebe. Gott ist es nicht zu tun um das Erwählen von Lieblingen, sondern um die *Erhöhung* des Menschen in das wahrhaft Gute. Eine solche *Liebe* (...) muß zunächst das endliche Wesen *aufschrecken*, darum erscheint sie uns im Anfang als *vernichtendes, peinigendes Gesetz.* Unsere harten Schalen müssen gesprengt werden, und die erschütternde Liebe ist der Meißel, der sie sprengt. Der Gedanke eines vernichtenden, peinigenden Gesetzes ist nur der *Wahn des sich selbst suchenden Geistes*, solange wir in unserer endlichen Begrenztheit verharren. Aber wir finden, dass dies nur ein Durchgangspunkt ist, nur das dunkle *Tor*, ohne das es kein Verständnis der göttlichen Liebe gibt. (GL 222)

Bevor es zu einer Willenseinigung mit Gott kommt, schreckt die Liebe den Menschen auf. Da wir uns von Natur aus „so wenig mit dem Göttlichen identisch finden" (GL 175), bedarf es des Zerbrechens unserer egoistischen Grunddisposition. Die Liebe muss den Menschen von sich losreißen, indem sie die Grundlagen seines Widerstandes (die natürliche Gebundenheit, die sich gegen die Gnade „schwer macht") zerstört.[36] Die „Unseligkeit der auf sich selbst stehenden Seele" (GL 169), die Troeltsch als die Unseligkeit des „sich auf sich selbst stellenden Willens" ver-

36 „Sünde besteht ganz und gar in der Entgegensetzung gegen die uns ziehende Gnade. Sie besteht in dem rebellischen, trotzigen Element, das Gott nicht die Ehre geben will (...) Sünde ist Selbstversagung. Sie ist das Sich-schwer-Machen gegen die Gnade" (GL 309). „Sünde erscheint (...) als Trotz, wo der Mensch zu Gott sagt: Ich mache mir nichts aus deinem Ruf, ich genieße mein Leben!" Der Mensch will sich nicht von Gott überwinden und führen lassen (GL 314). Troeltsch sieht die Sünde sogar als von Gott gewollt, insofern sie *„mit der Natur gesetzt ist* als derjenigen, woran unser Trotz und unsere Selbstsucht zerbrechen sollen" (GL 316). Unser Naturzustand ist nahezu Sünde.

steht, muss überwunden werden (GL 170). Es geht um die Erhöhung des Menschen (d. h. seines Willens) durch die „heilige, hinaufziehende Liebe“ (GL 224). Gerade die „gedemütigte“ Natur spürt das „leise und starke Ziehen“ Gottes (ebd.):

> Nur im *Bruch* mit der Selbstheit vollzieht sich die Einheit, die kein Untergehen für den Menschen bedeutet, sondern ein *Erhöhtwerden*. Sobald sie vollzogen wurde, ist der Mensch nicht mehr trotzig wollend, sondern hingegeben an Gott, aber in der Weise, dass er Gottes Willen als den eigenen empfindet. (GL 175)

Die göttliche Liebe muss die Selbstbezogenheit des „trotzigen“ Willens zerbrechen, um die Willenseinigung mit Gott und damit die Erhöhung zu bewirken. Von daher erscheint die göttliche Liebe zunächst gewaltsam und wie ein „vernichtendes, peinigendes Gesetz“, denn sie ist der „Meißel“, der die Verhärtungen des Willens sprengt (GL 222). Solange sich der Wille durch sein schuldhaftes Beharren in seinem Ungenügen festmachen möchte (GL 309) und sich selbst sucht, täuscht sich der vom „Wahn befangene Geist“ über das Wesen der göttlichen Liebe. Er erleidet diese Liebe als schmerzhaftes Gesetz, das ihm Schaden zufügt. Der befreiende Schritt durch das „Tor“ wird im „Zerbrechen“ der natürlich vorgefundenen Selbstbezogenheit vollzogen. Die göttliche Liebe wird nun als solche erfahren und durch dieses Erleben verstehbar (vgl. GL 222). Der Mensch gelangt zur „Willenseinigung mit Gott“. Doch was geschieht mit seiner Gedankenwelt? Wird das Denken der Vernunft in das befreiende Ereignis einbezogen?

Die gesamte *Glaubenslehre* gründet nach Troeltsch im subjektiven Vernehmen der Seele (GL 74). Im Zuge des

Bruches mit dem an sich gebundenen Willen darf der Mensch durch das Tor treten und somit seinen Egoismus zurücklassen. Doch die Gedankenwelt seiner Vernunft verharrt in ihren subjektiven Schranken. Das menschliche Denken tritt *nicht* aus den Grenzen des Subjekts heraus und wird nicht durch einen Glauben veredelt, der auf die Stimme eines anderen zu hören vermag. Denn auch der Glaube wurzelt nach Troeltsch in der Subjektivität und wird wesenhaft als „Ausdeutung religiöser Grundpositionen" durch menschliche „Anschauungen" verstanden und nicht als das Hören auf die Stimme der Kirche:

> Der Glaube ist die spezifische Erkenntnisform auf dem religiösen Gebiete. Sein Wesen ist psychologisch die Ausdeutung religiöser Grundpositionen in plastisch-lebendigen Anschauungen und Phantasien. Er arbeitet (...) mit allen hierzu sich darbietenden Mitteln aus der hergebrachten und umgebenden Vorstellungswelt. (GL 44)

Die hier genannte „Ausdeutung" zeigt ihr Wesen in der Auslegung der Bibel, die nach der *Glaubenslehre* jedem menschlichen Subjekt selbst überlassen ist. Zur Heiligen Schrift als Quelle der Offenbarung wird ein subjektives Moment hinzugefügt:

> Denn Bibel heißt eben *Bibeldeutung.* (...) die Bibel legt eben nicht sich selbst aus, sondern sie ist das Buch, in dem jeder seine *eigenen* Dogmen sucht und findet. Neben der Bibel steht noch eine andere Offenbarung, ein *subjektives* Element, dessen Anerkennung die Lehre vom Geist ist. (GL 46f)

Es geht hier nicht um das schlichte Vernehmen der Stimme Gottes durch die Schrift, sondern um ein aktives

Auslegen der Schrift, das Troeltsch als „subjektives Element" der Offenbarung kennzeichnet. Dieses subjektive Element wird in der Folge als letzte entscheidende Instanz der Offenbarung beschrieben. Die persönliche religiöse Erfahrung wird zum Maß des Glaubens.

> Das Erlebnis des Geistes muß die eigentliche *letzte*, zwingende, uns persönlich zuteil werdende Offenbarung sein. (GL 47)

Der Glaube bleibt nach diesem Verständnis an die subjektiv ausdeutende Vorstellungswelt des Menschen gebunden. Er bewirkt nicht die Reinigung der Vernunft durch eine Offenbarung, die das subjektive Erlebnis durchbricht. In Entsprechung dazu richtet sich die Hingabe der Seele auf die göttliche Liebe, ohne sich im Glauben an die Lehre der Kirche und an das Dogma zu binden.[37] Die erfahrene Liebe wird zum Ziel der Hingabe und muss sich in der weiteren Folge im aktiven Leben bewähren:

> (...) aus dem Zerbrechen ergibt sich gläubige Hingabe. Sie ist das Ziel, wenn auch nicht in ihrem ersten Effekt. (...) Aus dem *Begriff der heiligen Liebe* ergibt sich die Doppelwirkung der *Vernichtung* und der *gläubigen Hingabe.* Von der letzteren gelangen wir zum schaffenden Leben, wo wir die sich schenkende Liebe erkennen. (GL 222)

37 Troeltsch sagt: „Der Katholizismus ist ein Weltsystem, das nicht auf Lehre und Dogma beruht (...)". Vgl. „Internationale Wochenschrift für Wissenschaft, Kunst und Technik" (1908, Sp. 19 f). Zit. nach Karl-Heinz APFELBACHER, op. cit., 247.

Die Willenseinigung mit Gott zielt letztlich auf die gelebte Praxis ab. Die Suche nach einer Unmittelbarkeit der göttlichen Gegenwart muss sich für Troeltsch in einer „bedingungslosen Bruderliebe“ erweisen (GL 273). Sein „Liebesuniversalismus“ soll wie ein „Korrelat“ den „radikalen Individualismus“ der Seele und ihrer mystischen Liebe zu Gott ergänzen (GL 155).[38] Die menschliche Vernunft dagegen wird durch die subjektive Verschlossenheit auf ihre Grenzen zurückgeworfen. Das Denken erreicht in seinem aktiven Darstellen nur Gedanken von Gott und nicht die Wirklichkeit Gottes durch die Gedanken.

> Es ist überall nicht Gott selbst, sondern *unser* Gedanke von Gott, der darzustellen ist. (GL 138)

Troeltsch erfährt selbst die unüberwindbaren Schranken seiner eigenen Denkversuche, da er am subjektiv-autonomen Prinzip der menschlichen Vernunft festhält.[39] Wohl sehen wir auch bei ihm den Versuch, die Begrenztheit des sich selbst suchenden *Willens* hinter sich zu lassen (GL 222). Die Vernunft bleibt dagegen in sich eingeschlossen. Gewiss wird durch das Ringen des Lehrers in der Folge jenes der Dichterin grundgelegt.[40] Doch verlässt

38 Zu diesem „mystischen“ Individualismus sagt Troeltsch: „Eure Seele soll ihm (Gott) gleichen, denn sie ist mehr wert als die ganze Welt“ (GL 154). Vgl. dazu Roswitha GOSLICH, op. cit., 45.

39 Le Fort sagt von Troeltsch, er habe sich selbst als einen *Gescheiterten* bezeichnet. Vgl. oben die Fußnote 22.

40 Maria ESCHBACH: „Hymnen an die Kirche“ der Gertrud von le Fort, op. cit., 29: „Der auf den ersten Blick unmöglich scheinende Weg aus dem liberalen Protestantismus mag vielleicht gerade durch die intensive Beschäftigung mit dem kritischen Werke Troeltschs möglich geworden sein, denn nur Verzweiflung und (...) Unsicherheit konnten aus

le Fort in diesem Ringen den Käfig einer Vernunft, die nur ihre eigenen Gedanken kennt.

Die *Hymnen* le Forts sprechen von der Einheit des menschlichen Geistes mit der Stimme der Kirche in *Vernunft und Wille*, nicht nur von der Willenseinigung des Menschen mit Gott. Die Vernunft der Seele überlässt sich der Stimme der Kirche, wie oben bereits erläutert wurde.[41] Der Geist fällt unter Schmerzen in das *Gesetz des Glaubens*, das durch die Kirche vorgegeben wird, nicht nur in das „peinigende Gesetz der Liebe" (GL 222):

Denn furchtbar ist das Gesetz des Glaubens,
das du aufrichtest.
(Heimweg III)

Ich bin in das Gesetz deines Glaubens gefallen
wie in ein nackendes Schwert!
(Heimweg IV)

Le Fort sieht die Reinigung der Vernunft im Licht des Glaubens. Gott wirkt nicht unmittelbar (wie die göttliche Liebe nach Troeltsch) sondern durch die geschaffene Gnade. In den *Hymnen* greift das durch die Kirche vermittelte Gesetz des Glaubens korrigierend in das Denken des Menschen ein. Jene Gedanken müssen *zerbrechen*, die den Geist nach dem Bild des *Prologs* in das subjektive Selbst und sein *ewiges Allein* verschließen:

der Versenkung in eine solche (...) Weltanschauung herausführen." Maria Eschbach beruft sich auf ein Gespräch mit le Fort, das ihre Arbeit und das Verständnis der dargelegten Zusammenhänge beglaubigt: ebd., 10.

41 Vgl. meine Erläuterungen im Abschnitt „Der Heimweg zur Kirche".

Die Ketten meiner Gedanken sind zerbrochen,
(Heimweg IV)

Doch bleibt dieses Zerbrechen des Geistes nur der Durchgang zur Erhöhung durch die Wirklichkeit Gottes.

Was ich zerbreche, das ist nicht zerbrochen,
und was ich in den Staub beuge, das hebe ich empor![42]

Ich habe dich überblendet, daß deine Grenzen verfließen.
(Heimweg VI)

Die *Hymnen an die Kirche* erweisen sich als „Dichtung des Glaubens“: Le Fort vertraut sich der Kirche an als einem Zeugen der Glaubwürdigkeit Gottes.[43] Sie glaubt der Stimme der Kirche, deren Worte die göttliche Wirklichkeit bezeichnen. Diese Stimme führt die in sich und ihren Gedanken gefangene Seele in einem Doppelschritt von *Wahrheit und Liebe* über ihre Begrenzungen hinaus:

Die noch tief in sich gefangene Seele vernimmt diese Stimme zunächst in ihren eigenen Meditationen als staunendes und erschreckendes Innewerden der übernatürlichen, ihre eigenen Schranken sprengenden Wahrheit und Liebe der Kirche. (*Einführung*)

Das *Erschrecken* der Seele gilt nicht nur der unmittelbaren göttlichen Liebe, wie in der *Glaubenslehre* (GL 222), sondern dem zweifachen Wirken der Gnade. Diese bewirkt

42 Vgl. Jes 25,12.

43 Dazu die dogmatische Konstitution „Dei Filius“, Kap. 3, in: Heinrich DENZINGER: Kompendium der Glaubensentscheidungen und kirchlichen Lehrmeinungen, op. cit., 817, n. 3013.

die Reinigung und Erhöhung der Vernunft durch den Glauben, doch auch die Befreiung der Liebe, die sich in der Gottesliebe von den Bindungen an das eigene Selbst löst und sich durch die Hingabe des Willens der Kirche überlässt:[44]

> *Ich will dich noch lieben, wo meine Liebe zu dir endet.*
> *Ich will dich noch wollen, wo ich dich nicht mehr will.*
> *(Heimweg V)*

Le Fort verwendet in sprachlicher Nähe zur Glaubenslehre (GL 222) das Bild des *Tores*, um die Befreiung des menschlichen Geistes aus dem Gefängnis des *Prologes* in Worte zu fassen:

> *Daß ich dich aufkettete wie einen Kerker*
> *und dich vor die Tore des Geistes risse.*
> *(Heimweg VI)*

Sobald die Seele durch das Tor ins Freie tritt, weicht ihr Kampf der Hingabe an die durch die *Kirche* vermittelte *Wahrheit und Liebe*:

> Es entspinnt sich ein Kampf im Inneren der Seele, der mit der *vertrauensvollen Hingabe* der Seele an die übernatürliche *Wahrheit und Liebe der Kirche* endet. (*Einführung*)

Die Seele wird in den *Hymnen* nicht nur aus ihrer selbstbezogenen Liebe, sondern auch aus der Verschlossenheit

44 Die Hymne wiederholt neun Mal ein entschlossenes *Ich will* der Seele und betont damit das starke Mitwirken der Seele, die sich von ihrer Vergangenheit losreißt – auf Gottes Geheiß.

ihrer Gedankenwelt herausgeführt. Das Tor des Geistes wird ein Tor zum erkannten und geliebten Gott.

So zeigt sich, dass le Fort in den *Hymnen* wichtige Themen der *Glaubenslehre* behandelt und trotz ähnlicher Gedankenführung über diese hinausgeht. Die *Hymnen an die Kirche* erscheinen wie eine Antwort der Dichterin auf die *Glaubenslehre*. Doch bleibt le Fort trotz einer Überwindung des Ringens ihres Lehrers von seiner Lehre geprägt. Manche Spuren seines ambivalenten Denkens beben in ihrem Werk nach, ohne ganz verarbeitet und geklärt zu sein.

Dies betrifft in den *Hymnen* zunächst das Verhältnis von Natur und Gnade. Während einige Verse das klassische Prinzip einer Vollendung der Natur durch die Gnade spiegeln,[45] lehnen sich andere an die Lehre von Troeltsch an, nach der die in sich ungenügende Natur durch die göttliche Erhöhung gleichsam Gewalt erfährt:

Ich bin zum Hohn geworden an deinem Verstand
und zur Gewalt an deiner Natur,
(*Heimweg VI*)

Dieses Verständnis spricht auch durch Verse, welche die Gefäße der Sprache als Zeugnisse des Glaubens im Licht der Ewigkeit *zerbersten* lassen:

Wenn die Gefäße der Sprache zerbersten
und hervorstürzen wird das reißende Gewässer
des Niegesagten,
(*Letzte Dinge IV*)

45 Vgl. *Corpus Christi Mysticum I: Du bist wie ein Lichtwerden unsrer dunklen Vernunft.* Siehe dazu oben meine Ausführungen im Abschnitt „Der Heimweg zur Kirche“.

Die positivere Deutung des Menschseins bei Thomas von Aquin hält dagegen, dass alle menschlich zu fassende Einsicht, vor allem jene des Glaubenswissens, durch die übernatürliche Quelle des göttlichen Lichtes nicht verblasst, sondern neu erhellt wird und unendlich stärker im Licht des Ewigen erstrahlt.[46]

Besonders deutlich zeigt sich der bleibende Einfluss von Troeltsch darin, dass le Fort Fragen des Glaubens sehr ernst nimmt, doch dazu neigt, der göttlichen Liebe als Prinzip der Einheit der Kirche eine Vorrangstellung einzuräumen. Die Liebe wird gleichsam zum verborgenen Einheitsgrund der Kirche und vermag zeitbedingte Unterschiede und Spaltungen zu überwinden. In manchen Werken kann dieser Ansatz überbetont werden, wie etwa im Roman „Der Kranz der Engel". Während Dogma und kirchliche Lehre das Trennende zwischen den Konfessionen betonen, neigt le Fort dazu, eine höhere Einheit durch die Liebe zu postulieren, die das Gegensätzliche zusammenhält. Genau dieser Gedanke findet sich in der *Glaubenslehre*, wenn Troeltsch die Frage nach dem „christlichen Prinzip" zu klären sucht:

> (…) zunächst stehen wir vor einer großen Mannigfaltigkeit der Begriffe angesichts des heutigen Christentums. Da scheint nichts einheitlich zu sein; trotzdem ist deutlich, dass irgendwie ein *Einheitspunkt* zugrunde liegen muß, von dem aus die *Widersprüche* doch *zusammengehalten* werden. Wir denken hier unwillkürlich an den einzelnen Menschen, ein Gesamtstreben des *Willens* ist vorhanden, ein Zentraltrieb, aus dem heraus sich

46 Thomas von AQUIN: Summa Theologica III q9 a1 ad2.

eine Lebenseinheit ergibt, durch welche die Vielheiten unseres Seins verbunden sind. (GL 73)

Troeltsch sieht die Einheit der durch ihr Denken unterschiedenen Subjekte, die sich in verschiedenen Glaubenswelten bewegen, im Willen und dadurch in der Liebe. Diese Tendenz findet sich im Werk le Forts. Wie ihr Lehrer stützt sich die Dichterin auf *Nikolaus von Kues* und seine Lehre von der „coincidentia oppositorum." Das Prinzip vom „Zusammenfallen der endlichen Gegensätze" in Gott wird ihr zum Grundgedanken, auf den sie immer wieder zurückgreifen muss.[47] Die Hereinnahme der *Glaubenslehre* in die „Glaubensdichtung" der *Hymnen* ist in diesem Sinn ein Zeichen für eine Liebe, die das Trennende zwischen den Konfessionen zu überwinden sucht.

Die Erzählung *Der Dom* spricht noch im hohen Alter le Forts von diesem Prinzip. Wir hören dort einen späten, innigen Nachklang der Einsichten, die seit den *Hymnen* das Herz der Dichterin bewegen. In dieser Geschichte erlebt ein elternloses Kind unwissend und unerfahren den Konflikt zwischen den Konfessionen und erinnert sich an das Wort der verstorbenen protestantischen Mutter: *„Für Gott gibt es nur die Seele, die ihn liebt!"*[48] Im Dom von Magdeburg erfährt das Kind das Geheimnis der göttlichen Liebe als Einheitsgrund der unsichtbaren Kirche:

47 Zur Beziehung von Troeltsch und Nikolaus von Kues siehe Erich PRZYWARA: Ringen der Gegenwart, op. cit., 185 f. Gertrud von le Fort wird immer am Prinzip des Cusaners festhalten. Siehe dazu: Gertrud von LE FORT: Aphorismen, München: Ehrenwirth 1962, 30.

48 Gertrud von LE FORT: Der Dom, München: Ehrenwirth 1965, 32. Diese letzte Erzählung erschien im 93. Lebensjahr der Dichterin.

Ich glaubte alles zu verstehen – ich verstand, denn es gibt eine Einheit, die über alle Unterschiede triumphiert, (...) es gibt das ewige Geheimnis für alle und für immer, es gibt keine Trennung in der Liebe zu Gott.[49]

Es zeigt sich, dass le Fort zwar der Ausbruch aus einem fensterlosen Subjekt durch den Glauben gelungen ist. Dennoch räumt sie ähnlich wie Troeltsch dem Willen einen Vorrang gegenüber der Vernunft ein, vor allem als Einheitsgrund der Kirche.

Weiterführung der sprachlichen Bilder

Die *Hymnen* nehmen Maß an der biblischen Sprache, besonders an der Psalmendichtung. Leitende Bilder verdeutlichen durch ihre Wiederkehr in verschiedenem Kontext die innere Denkbewegung der Hymnen. Durch eine Auswahl von Bildern, die meist aus der Schrift sprechen, möchte ich die Hymnenreihe *Heimweg zur Kirche* als Sprache des Glaubens noch einmal in den Blick nehmen. Das bisher Gesagte soll nun durch metaphorische Wendungen auf neue Weise erscheinen.

(1) Traum und Schatten, die wie Vögel vorbeiziehen

Die Rede vom *Traum* bleibt in ihrer einzigartigen Gewichtung vom *Prolog* umschlossen. Die Hymnenreihe *Die letzten Dinge* greift das Bild noch einmal auf, wodurch sich ein Rahmen bildet. Die Unwirklichkeit des im Selbst ver-

49 Ebd., 47.

schlossenen Lebens wird durch die endzeitliche Dimension offenbar. Im Rückblick erscheint es wie ein Traum:

Alles Wollen wird zu Nebel,
und alles Wirken wird zu Träumen eines Traums.
(Letzte Dinge I)

Die *Schatten* der Gedanken (als *Bilder* des *Geistes*) stehen im *Prolog* für einen Wirklichkeitsverlust. Sie sind an dieser Stelle den *wilden Vögeln* nicht fremd, da sie flüchtig und täuschend wie die unruhigen Regungen der Seele dahinflattern. Die bildhaften Wendungen von *Vögeln* und *Schatten* durchdringen vom *Prolog* aus die nachfolgenden Hymnen. So zeichnen lautmalerische Verse die Menschen gleich Vögeln, die in ruheloser Suchbewegung ihr wahres Zuhause fliehen:

Ich bin eine Schwalbe, die im Herbste nicht heimfand,
(Heimweg I)

Du sprichst zu den Flüchtigen: „Gebt euch preis“,
und zu den Flügelnden: „Lasst euch fallen!“
(Heimweg II)

Ich irre wie ein Vogel um meines Vaters Haus,
ob ein Spalt ist, der dein fremdes Licht einlässt,
(Heimweg IV)

Die Seele ist wie ein Vogel in den Käfig ihrer Gedanken eingeschlossen und vermag nicht heimzufinden. Sie hat sich in sich selbst verirrt. Klagend blickt sie zurück auf die Zeit, wo sie dem Fehlurteil der Menschen, die ihr wahres Wesen verleugneten, unterworfen war.

Sie haben sie (die Seele) *zu meinem Verstand geschickt,*
als wäre sie ein Gedanke.
Sie war wie ein Wild in den Wäldern dunkler Triebe
Und wie ein gescheuchter Vogel im toten All.
(Heimweg VIII)

(2) Helle Schatten und Flügel Gottes

Die Bedeutungsebene von *Schatten* und *Vögeln* wandelt sich nach dem *Prolog* durch die Sprachkraft von Versen, die vom Hintergrund der Schrift getragen sind:

Ich bin ein Reis aus entwurzeltem Stamm,
aber dein Schatten liegt auf meinen Wipfeln
wie Hochwaldschatten.
Ich bin eine Schwalbe, die im Herbste nicht heimfand,
aber deine Stimme ist wie das Rauschen von Flügeln.[50]
(Heimweg I)

Die heimatlose *Schwalbe* (vgl. Ps 84,4) greift das Bild der *wilden Vögel* (*Prolog*) wieder auf. Doch bildet der folgende Vers bereits eine kontrastvolle Gegenüberstellung: Das *Rauschen von Flügeln* spricht nun in Anlehnung an Ez 1,24 (bzw. 10,5) vom allmächtigen Gott. Während der *Prolog* die *Stimme Gottes* mit dem *Ruf der wilden Vögel* (den unruhigen Regungen der Seele) zu mischen schien, gleicht nun die Stimme der Kirche dem *Rauschen von Flügeln*, das nach Ezechiel durch geflü-

50 Vgl. Ez 17,22–23: Das biblische Gedicht steht den zitierten Versen durch seine Metaphorik (*Reis*, *Wipfel*, *Schatten* und *Vögel)* nahe.

gelte Wesen die Gegenwart Gottes, sein lichthelles Erscheinen bekundet:[51]

> Und ich hörte die Flügel rauschen wie große Wasser und wie eine Stimme (ein Getön) des Allmächtigen.
> (Ez 1,24)

Auch das Bild der dunklen *Schatten* des *Prologs* wandelt sich. Denn dort fehlte der Strahl des göttlichen Lichtes.

> *alle Bilder meines Geistes sind daran zu Schatten geworden!*
> *Denn es fällt kein Strahl von dir in meine Tiefen,*
> *(Prolog)*

Die *Hochwaldschatten* der Kirche entstehen, weil das überhelle göttliche Licht auf sie fällt. Die endzeitlichen Hymnen sprechen von den *Schatten des Allwissenden* (*Letzte Dinge III*), welche die Kirche umgeben. *Dein Schatten* (*Heimweg I*) steht nun im biblischen Sinn für die schirmende Gegenwart Gottes und der Kirche. Johannes vom Kreuz sagt im Kommentar zur „Lebendigen Liebesflamme" mit Blick auf Ezechiel 1,24 ff:

> Die Lichtglanzfülle wird auch Überschattung genannt. Überschatten bedeutet soviel wie Schatten werfen und mit seinen Schatten schützen und begünstigen; denn wer jemanden mit

51 Vgl. Ez 10,5: „Und man hörte die Flügel der Cherubim rauschen bis in den äußersten Vorhof wie eine mächtige Stimme des allmächtigen Gottes, wenn er redet." Siehe dazu auch die Psalmverse „Beschirme mich unter dem Schatten deiner Flügel" (Ps 17,8) bzw. „im Schatten deiner Flügel habe ich Zuflucht" (Ps 57,2).

seinem Schatten deckt, ist nahe zu dessen Schutz und dessen Begnadung.[52]

Die Bedeutung des Bildes verdichtet sich durch die Stimme der Kirche:

Siehe, ich trage auf meinen Flügeln
die weißen Schatten des Andren,
(Heimweg VI)

Die weiße Farbe, welche nach der Sprache des Johannes vom Kreuz für den Glauben steht, verdeutlicht, dass die weißen Schatten der Flügel, deren Schwingen sich zu den Höhen Gottes erheben, von der Lichtglanzfülle der Gnade geworfen sind und in der Farbe des Glaubens erglänzen. Der spanische Dichter schreibt:

> Ist der Gegenstand dicht und dunkel, so wirft er einen dunklen Schatten, ist er hell und durchscheinend, dann ist auch sein Schatten hell und fein.[53]
>
> Dieses weiße Gewand des Glaubens trägt die Seele bei ihrem Entweichen in der dunklen Nacht.[54]

52 „Lebendige Liebesflamme", op. cit., 76 (Erklärung zur dritten Strophe). Johannes vom Kreuz verweist auch auf die Worte des Engels bei der Verkündigung (Lk 1,35): (…) „und die Kraft des Höchsten wird dich überschatten." Vgl. Edith STEIN: Kreuzeswissenschaft, hrsg. von Romaeus Leuven, (Freiburg: Herder 1983), 183.

53 „Lebendige Liebesflamme", op. cit., 76 f (Erklärung zur dritten Strophe). Johannes vom Kreuz kommentiert an derselben Stelle Ez 1,24. Die Annahme, dass le Fort diese Stellen des Johannes vom Kreuz zusammen mit dem biblischen Hintergrund kannte, liegt sehr nahe.

54 Zur weißen Farbe des Glaubens vgl. Johannes vom Kreuz: Die Dunkle Nacht, op. cit., 146 f (zweites Buch, Kap. 21).

Die Seele wird durch den Glanz der Gegenwart Gottes „geblendet“,[55] doch nicht nur „überschattet“, sondern mit göttlichen „Schatten und in glänzender Lichtfülle vereint“[56]. Durch das „Hineingezogensein in sein Wesen“ wandelt sich die Seele in Gott hinüber und darf sagen: „Verschlungen ist der Tod im Siege (1 Kor 15,54)“.[57] Von Ez 1,24 her erfährt sich die Seele wie von „göttlichen Strahlenfluten“ überströmt.[58]

Im Vergleich dazu die Verse le Forts:

Ich habe dich überblendet, dass deine Grenzen verfließen,
Ich habe dich verschattet,
dass du deine Schranken nicht mehr fändest.
Wie das Meer eine Insel verschlingt,
so habe ich dich verschlungen,
dass ich dich hinausschwemmte ins Ew'ge.
(Heimweg VI)

Das Ende derselben Hymne verweist auf Gen 9,13–15, wo sich der Regenbogen als Friedenszeichen zeigt. Doch auch Ez 1,28 spricht vom Regenbogen in den Wolken, der durch seinen hellen Schein an die Herrlichkeit Gottes erinnert. Die Kirche wird zum *Bogen des Friedens*:

Aber deiner Seele bin ich Aufbruch und Heimweg
und bin der Bogen des Friedens mit Gott über den Wolken.
(Heimweg VI)

55 Ders.: Die Dunkle Nacht, op. cit., 82 (zweites Buch, Kap. 5).

56 Johannes vom Kreuz: Lebendige Liebesflamme, op. cit., 77 (Erklärung zur dritten Strophe).

57 Ebd., op. cit., 63 (Erklärung zur zweiten Strophe).

58 Ebd., op. cit., 78 f (Erklärung zur dritten Strophe).

Das Bild des Schattens wird auch dort eingesetzt, wo die Hymnen aus dem Hintergrund des *Hohen Liedes* sprechen. Der Ton der Liebe singt aus den Versen des *Heimwegs*, die von jenen göttlichen *Schatten* sprechen, die wie ein Siegel der Gegenwart Gottes am Herzen des Menschen ruhen:[59]

Deine Schatten liegen auf meinem Herzen wie Rosen,
und deine Nächte sind wie starker Wein:
(Heimweg V)

Durch diese Bilder tritt der Mensch auf seinem Weg zum Glauben vor Augen. In der Schattenwelt seiner Gedanken gleicht er anfangs dem verirrten Vogel, der mit den Flügeln schlägt und seine Heimat nicht findet. Nach seiner Heimkehr zum Glauben steht er unter dem Schutz von Gottes Flügeln und darf sich durch die Schwingen der Kirche in den hellen Schatten Gottes zur Gotteserkenntnis erheben.

(3) Abgrund und Glaube

Das Geschenk des Glaubens will in Schritten eingeübt werden, die den *Heimweg zur Kirche* prägen. Dies ist anfangs schwer. Bodenlosigkeit scheint sich zu öffnen, wo die bisherige Welt der natürlichen Erkenntnis nicht mehr trägt und das *Gesetz des Glaubens* aufragt: *Meine Füße gleiten an ihm ab wie an Halden von Eis (Heimweg III).* Das Bild vom *Abgrund* gewinnt von daher sprachliches Gewicht. Vor dem biblischen Hintergrund sind verschiedene

59 Das Hohe Lied prägt die Dichtung des Johannes vom Kreuz, auch die „Lebendige Liebesflamme".

Bedeutungsebenen in den *Hymnen* zu unterscheiden. In seiner Dunkelheit zeigt sich der Abgrund zum einen wie die sich öffnende Welt des Verderbens. Doch bezieht sich dasselbe Wort auch auf die grundlose, unerschöpfliche Tiefe Gottes. Die Seele fürchtet zunächst den *Boten des Abgrunds*, der durch die Stimme der Kirche hindurch verführen könnte:

> *Bist du gewiß, meine Mutter,*
> *dass nicht der Bote des Abgrunds dich betrog?*
> *(Heimweg III)*

Die Ketten der Gedanken hängen in der Dunkelheit des *Abgrunds*:

> *Die Ketten meiner Gedanken sind zerbrochen,*
> *sie hängen wie Wildnis im Abgrund.*
> *(Heimweg IV)*

Bilder aus der *Offenbarung des Johannes* spiegeln sich in diesen Versen. Der „Engel des Abgrunds" schließt den „Brunnen des Abgrundes" auf (Offb 9,1–2) und lässt Verderben für die Erde hervorquellen.

> (...) sie hatten über sich einen König, den *Engel des Abgrunds*, dessen Name heißt auf hebräisch Abaddon, und auf griechisch hat er den Namen Apollyon. (Offb 9,11)

Diese Schriftstelle steht in Beziehung zu Offb 20,1, wo ein guter Engel vom Himmel her Rettung bringt. Er hält eine große *Kette* bereit, um die bösen Mächte zu fesseln, und verschließt den Abgrund.

> Und ich sah einen Engel vom Himmel fahren, der hatte den Schlüssel zum Abgrund und eine große Kette in seiner Hand. Und er griff den Drachen, die alte Schlange (...) und warf ihn in den Abgrund und verschloss ihn und versiegelte oben darauf, dass er nicht mehr verführen sollte die Heiden (...).
> (Offb 20,1–3)

Die *Hymnen* erinnern an diese biblischen Bilder. Die Gedanken des zuvor versperrten Gefängnisses des *Prologs* sind zerstört und hängen wie zerrissene Ketten im Abgrund. Der Geist ist nun befreit von Fesseln, die jener dunklen Welt des Verderbens und der Verschlossenheit im Selbstbewusstsein angehören, die wie ein Abgrund des Dunkels von Gott trennt. Betrachtet man den Hintergrund von Offb 20,1–3, bringt das Bild der zerbrochenen Ketten auch die Ohnmacht der leeren Gedanken zum Ausdruck, die keine Macht haben, den bösen Feind des Abgrunds zu fesseln, wie die starke Kette des himmlischen Engels. Zwei Auslegungsebenen zeigen sich vor dem Hintergrund der Schrift.

Das Bild vom Abgrund als Zeichen für das unerschöpfliche Wesen Gottes findet sich ebenso in den *Hymnen*. Gott ist ein grundloser Grund, der sich von keinem anderen Grund herleiten lässt, und wird als solcher in dichterischer Sprache *Abgrund* genannt. Voll geheimnisvoller Kraft tönen die Abgründe Gottes aus den unergründlichen Tiefen der Kirche:

> *Es geht noch Kraft aus von deinen Dornen,*
> *und aus deinen Abgründen tönt Gesang.*
> *(Heimweg V)*

„Abyssus abyssum invocat" sagt in diesem Sinn Ps 42,8.[60] Dies heißt übersetzt: „Ein Abgrund ruft dem anderen zu." Die *Hymnen* betrachten später die abgründige Unerschöpflichkeit des göttlichen Geheimnisses im endzeitlichen Licht, ohne das Bild des Abgrundes zu verwenden. Die Kirche ist *getauft auf den, der da heißt „Unerkennbar" und des Herrlichkeit sich nennt „Tief verborgen" (Letzte Dinge III).* Gott offenbart sich wie ein Abgrund, aus dessen Verborgenheit das Licht heraufblitzt:

Aber wenn einst anhebt das große Ende aller Geheimnisse
Wenn der Verborgene heraufblitzt
(Letzte Dinge IV)

Der Weg des Glaubens führt entsprechend in den Abgrund des verborgenen Gottes, der die Seele durch die Offenbarung seiner Geheimnisse an sich zieht.

Die Einheit der Kirche: Corpus Christi Mysticum

Die *Hymnen an die Kirche* erscheinen zwei Jahre vor der Aufnahme der Dichterin in die römisch-katholische Kirche.[61] Sie sind das Bekenntnis einer Liebe zu Gott, die ihre Heimat findet. Zugleich erfüllt sich durch diesen Schritt die innere Sehnsucht der Dichterin nach der Einheit der Kirche, die sie von Jugend an begleitete. Bei der

60 Luther übersetzt dies mit: „Deine Fluten rauschen daher, dass hier eine Tiefe und da eine Tiefe brausen." (Ps 42,8)

61 1924 erscheinen die Hymnen, 1926 geschieht die Aufnahme der Dichterin in die römisch-katholische Kirche.

Konversion geht es ihr *weniger um die Ablehnung des evangelischen Glaubens, sondern um die Vereinigung der getrennten Bekenntnisse.*[62]

Die Einheit der Kirche sieht sie durch die Liebe Christi gegeben: *Wir sind eins in der Liebe Christi.* Durch diese einigende Liebe können *Unterscheidungen zeitbedingter Natur* überwunden werden.[63] Die Spaltungen der Konfessionen sind in der Zeit entstanden und weichen von der ursprünglichen Einheit der Kirche ab. Die Liebe Christi weist den Weg zurück in die Einheit.

Noch am Ende ihres Lebens kommt le Fort auf dieses Anliegen zurück. Ihre Erzählung *Der Dom* vermittelt aus der Perspektive eines unwissenden Kindes die Schau einer *einigen* Kirche, die größer und herrlicher ist als der anfangs katholische, später evangelische Dom zu Magdeburg. Der Eintritt in diese unsichtbare Kirche ist zugleich der Eintritt in die Liebe Christi.

> *Aller Streit war versunken, es gab keine Trennung mehr in ihrer zeitlichen Bedingtheit, sondern nur die Unendlichkeit der göttlichen Liebe –, ihre grenzenlose Gewissheit. Alle waren im Grunde eins und würden es immer sein. Dieses Einssein war das eigentlich Große und Erschütternde dieser Stunde – wir waren eingetreten in die große einige Kirche, die noch größer und herrlicher war als der*

62 Gertrud von LE FORT: Hälfte des Lebens, op. cit., 84. Vgl. dieselbe: Woran ich glaube, op. cit., 73. Die Dichterin vermeidet das Wort Übertritt, wenn sie vom *Eintritt in die katholische Kirche* berichtet. Sie sagt: *Für mich bedeutete der Schritt vor allem eine Überwindung der tragischen Trennung innerhalb des Christentums, an der ich von frühauf gelitten habe. Ich vollzog in meiner Person die Vereinigung.*

63 Dies.: Hälfte des Lebens, op. cit., 84.

Dom – wir waren in die Liebe Christi eingegangen und würden sie nie wieder verlassen.[64]

In einem Brief an ihren Lehrer Hans von Schubert vom Dezember 1926 nennt die Dichterin die katholische Kirche die Heimat der evangelischen Kirche:

> *Ich habe die katholische Kirche zwar nicht als Gegensätzliches zur evangelischen Kirche erlebt, wohl aber als deren Heimat.* (…) *Es gibt nur eine allgemeine christliche Kirche, die wir im Apostolikum bekennen. Wo dieses Bekenntnis am stärksten lebt, da muss auch der Herzschlag der Kirche sein.*[65]

Das apostolische Bekenntnis des *Glaubens* verwirklicht sich nach le Fort am tiefsten in der katholischen Kirche, dem *Herzschlag* der Kirche. Denn durch sie erscheint die *eine* Kirche Gottes. Dies schließt die Wahrheit ihrer Lehre ein sowie auch die Wahrheit ihrer Sakramente. Die katholische Kirche ist von daher die Heimat der evangelischen Kirche und nicht umgekehrt. Doch muss diese Heimat des Glaubens durch die Liebe vollendet sein, nicht nur durch das orthodoxe Dogma der Amtskirche.[66] Deutlicher als die Dichterin fasst der folgende Abschnitt aus „Lumen Gentium" die hier anklingende Wahrheit der Kirche in Worte:

64 Dies.: Der Dom, op. cit., 49 f.

65 Gertrud von LE FORT: Brief an Hans von Schubert vom 11. 12. 1926, zit. nach Gisbert KRANZ, op. cit., 31.

66 Dogmatische Konstitution „Lumen Gentium" des Zweiten Vatikanums von 1964, in: Heinrich DENZINGER: Kompendium der Glaubensbekenntnisse und kirchlichen Lehrentscheidungen, op. cit., 1191, n. 4137 (§ 14).

> Dies ist die einzige Kirche Christi, die wir im Glaubensbekenntnis als die eine, heilige, katholische und apostolische benennen. (...) Diese Kirche ist verwirklicht in der katholischen Kirche (haec ecclesia subsistit in Ecclesia catholica) (...) auch wenn sich außerhalb ihres Gefüges mehrere Elemente der Heiligung und der Wahrheit finden, die als der Kirche Christi eigene Gaben auf die katholische Einheit hindrängen.[67]

Die eine Kirche „subsistiert" in der katholischen Kirche, d. h., sie ist allein in der katholischen Kirche nach ihrem Wesen verwirklicht, in den anderen Konfessionen nur in einzelnen Elementen. Allerdings ist auch dort, wo die Wahrheit der Lehre Abbruch erfährt, die liebende Einwohnung Gottes im Herzen des Menschen möglich.[68] Die Gemeinschaft in der einen Kirche bleibt dadurch gewahrt. Le Fort steht „Lumen Gentium" nicht fern, weil sie erkennt, dass die heiligende Liebe Gottes auch außerhalb der katholischen Kirche zum liebenden Glauben bewegen kann. Doch zeigt le Forts Denken die Tendenz, die Einheit einer „Liebeskirche" gegenüber der Einheit einer „Glaubenskirche" zu betonen.

Le Fort sieht deutlich die Gebrechlichkeit und Schwäche des Menschen auf dem Weg zur Erkenntnis der Wahrheit des Glaubens. Auf der Erde ist die Kirche nicht nur *den weißen Schleiern ihres himmlischen Erbes* unterworfen, welche durchlässig sind für die Wahrheit des Glaubens, sondern auch den *Schleiern der Verkennung* und den *Schleiern ihrer Schwachheit* (*Letzte Dinge III*). Von diesen Schleiern wird das Antlitz der Kirche am Ende der Tage

67 Ebd., 1181, n. 4119 (§ 8).
68 Ebd., 1191, n. 4139 (§ 15).

befreit. Bis dahin gilt es, den Mangel an Erkenntnis durch die barmherzige Liebe Christi zu überwinden und so zur Einheit der Konfessionen zu finden, bis die endzeitliche Klarheit anbricht.

Die *Hymnen* zeichnen ein weites, universales Kirchenbild. Die Gestalt einer unsichtbaren, die Menschheit *umfassenden* heiligen Kirche tritt hervor. Die Kirche reicht zurück in die Ursprünge der Menschheit.[69] Sie ist die *Mutter* aller Menschen dieser Erde.[70] In *Heiligkeit der Kirche* heißt es:

> *Ich habe noch Blumen aus der Wildnis im Arme,*
> *Ich habe noch Tau in meinen Haaren*
> *aus Tälern der Menschenfrühe,*
>
> *Denn ich bin die Mutter aller Kinder dieser Erde.*
> *(Heiligkeit I)*

Die katholische Tradition lehrt eine unsichtbare Wirklichkeit der Kirche Gottes, die von der sichtbaren Wirk-

69 Ernst Troeltsch nennt Paulus den Schöpfer der Kirche und sagt, dass die Gemeindebildung erst nach der Lösung des christlichen Glaubens vom Judentum entstanden sei. Jesus habe das Gottesreich noch durch die Synagoge verkündet und nicht selbst eine Kirche gestiftet. Die „moderne Dogmatik" seiner Zeit verwandle daher den Begriff einer „allgemeinen Anstaltskirche" in jenen des „Gottesreiches" zurück. Vgl. GL 368 ff.

70 Siehe dazu Nicolaus CUSANUS: Philosophische und Theologische Schriften, hrsg. von Eberhard Döring, (Wiesbaden: Marix 2012), 565 f. Nikolaus von Kues nennt die Kirche „Mutter": „So wie wir in der Menschheit als Menschensöhne geboren werden, werden wir durch den Schoß der Mutter Kirche wiedergeboren, auf daß wir neu geschaffen werden aus Gott."

lichkeit bezeichnet wird.[71] Sie ist gleichsam das Zeichen für die innigste Vereinigung von Gott und Mensch und für die Einheit des ganzen Menschengeschlechts.[72] Wie die Enzyklika „Immortale Dei“ verkündet, sucht sie nach der gesamten Menschheit auszugreifen.

> Die Kirche hat als Ziel das ewige Heil der Seelen vorgegeben; und deswegen ist ihre Natur so beschaffen, dass sie sich, von keinen räumlichen oder zeitlichen Grenzen eingeschränkt, danach ausstreckt, das ganze menschliche Geschlecht zu umfassen.[73]

Nach Thomas von Aquin ist Christus allen Menschen dieser Erde durch den mystischen Leib der Kirche in Zeit und Raum verbunden, auch wenn diese Verbundenheit für manche nur der Möglichkeit nach besteht.[74] „Lumen Gentium“ unterscheidet entsprechend verschiedene Weisen der Hingeordnetheit auf Gott in Menschen, die Christus nicht kennen.[75] Es gibt jene, die an den Schöpfer glauben und wie Abraham einen einzigen Gott anbeten. Es gibt jene, die in Schatten und Bildern den unbekannten Gott su-

71 Vgl. Henri de LUBAC: Die Kirche. Eine Betrachtung, Einsiedeln: Johannes 1968, 43 f.

72 Vgl. die dogmatische Konstitution „Lumen Gentium“, op. cit., 1173, n. 4101 (§ 1).

73 Leo XIII.: Enzyklika „Immortale Dei“ von 1885, in: Heinrich DENZINGER: Kompendium der Glaubensbekenntnisse und kirchlichen Lehrentscheidungen, op. cit., 854, n. 3166.

74 Thomas von AQUIN: Summa Theologica III q8 a3: „Christus ist ohne Einschränkung und für alle Zeiten das Haupt aller Menschen, doch in verschiedenem Grade.“

75 Vgl. die dogmatische Konstitution „Lumen Gentium“, op. cit., 1192, n. 4140 (§ 16).

chen. Auch Menschen, die sich um ein rechtes Leben mühen und Gott nicht kennen, wird die heilsnotwendige Hilfe nicht verweigert.

Die Tradition der Kirche lehrt, dass alle Menschen, die durch ihren liebenden Glauben mit Gott verbunden sind, zum *einen* Leib der Kirche gehören. Thomas von Aquin nennt demnach die heiligen Väter vor Christus „Glieder der Kirche“, denn die Zeichen des Alten Bundes führten sie zum Glauben an den einen Gott.[76] Er sagt mit großer Klarheit:

> Wir müssen festhalten, dass es nur den *einen* Glauben für die Menschen von früher und für jene von heute gibt. Andernfalls gäbe es nicht nur die *eine* Kirche.[77]

Le Fort unterscheidet verschiedene Weisen der Ausgerichtetheit der Menschen auf Gott und betont zugleich ihre Eingeborgenheit in die Einheit der unsichtbaren Kirche Gottes:

> *Siehe, in mir knien Völker, die lange dahin sind,*
> *und aus meiner Seele leuchten nach dem Ew'gen viele Heiden!*
> *(Heiligkeit I)*

Ähnlich lesen wir in ihrer letzten Erzählung *Der Dom*:

76 Thomas von AQUIN: Summa Theologica III q8 a3 ad3: „Während also die heiligen Patriarchen den gesetzlichen Kult feierten, erhoben sie sich mit demselben Glauben und derselben Liebe zu Christus wie wir. Und so gehören sie zum selben Leib der Kirche, dem auch wir angehören.“

77 Thomas von AQUIN: De Veritate q14 a12.

Der Dom schien erfüllt von der ganzen Christenheit, von vielen Völkern, die aus unsichtbaren Fernen kamen – oder gab es diese Verschiedenheiten und Fernen gar nicht, waren alle eins geworden vor Gott?[78]

Die Dichterin nimmt die Sehnsucht von Menschen in den Blick, die suchend auf die Fülle der Wirklichkeit Christi hingeordnet sind und bereit sind, in diese überzugehen.[79] Diese Sehnsucht findet Raum in der unsichtbaren Kirche:

Ich war die Sehnsucht aller Zeiten,
ich war das Licht aller Zeiten, ich bin die Fülle aller Zeiten.
Ich bin ihr großes Zusammen, ich bin ihr ewiges Einig.
(Heiligkeit I)

Obgleich ihr Kirchenbild weit ist, betont le Fort die Bedeutung der Konversion zur katholischen Kirche. Sie weiß um die himmlischen Gnaden, die dem Glaubenden durch die Vermittlung ihrer Gaben und Sakramente zukommen.[80] Im Roman *Das Schweißtuch der Veronika* spricht Edelgart, die sich lange der Gnade einer Konversion ent-

78 Gertrud von LE FORT: Der Dom, op. cit., 48 f.

79 Gestalten der Sehnsucht in verschiedenen Weisen der Ausgerichtetheit sind etwa Trophäa und Rabbi Elchanaan im Roman „Der Papst aus dem Ghetto“ oder Michal in der Erzählung „Die Tochter Jephthas“, auch Anne de Vitré in der Legende „Das Gericht des Meeres“.

80 Vgl. Gertrud von LE FORT: Das Schweißtuch der Veronika, op. cit., 39 bzw. 191. Edelgart widersetzt sich der Gnade, die sie zur Konversion in die katholische Kirche drängen möchte, durch ein Festhalten am eigenen Ich. Sie macht ihre unerlöste Sehnsucht zu einem Schicksal, weil sie den Schritt in die Fülle der Wirklichkeit nicht vollzieht, und verliert dadurch die lebendige Beziehung zur Wirklichkeit Christi.

zieht, letztlich ihr tiefes Bekenntnis zur sakramentalen Wirklichkeit der katholischen Kirche:

> Ich habe in dieser Erkenntnis erkannt, dass Gott alle seine Herrlichkeit auf Erden und alles Heil der ganzen Welt und jeder einzelnen Seele in den Schoß seiner Kirche gelegt hat, indem er ihr dieses allerheiligste Sakrament seiner Liebe gab.[81]

Der Unterschied zur *Glaubenslehre* zeichnet sich hier deutlich ab. Troeltsch sucht die Vermittlung der Gnaden für den Einzelnen vom Heilsanspruch einer „supranaturalen Anstaltskirche" (GL 369) und von deren „magisch-sakramentalen Wirkungen" (GL 226) zu trennen, womit er den „Katholizismus" meint. Die Vereinzelung der Seele wird durch einen reinen „Liebesuniversalismus" überwunden.[82]

Durch le Fort wird eine Kirche sichtbar, die selbst das „Sakrament für die innigste Vereinigung von Mensch und Gott und für die Einheit des ganzen Menschengeschlechtes" genannt werden kann.[83] Die Dichterin faltet diesen Gedanken im Roman *Das Schweißtuch der Veronika* in der bildhaft beschriebenen Romvision aus, wo eine Monstranz von unbegreiflicher Größe in der Kirche von Sankt Peter alle Finsternis durch ihr Licht umgreift und von einem Zentrum der Einheit aus verwandelt.[84]

81 Ebd., 321.

82 „Und eure Seele soll sich in Gott treffen mit gleichfalls an Gott hingegebenen Seelen" (GL 154 f).

83 Siehe dazu die dogmatische Konstitution „Lumen Gentium", in: Heinrich DENZINGER: Kompendium der Glaubensbekenntnisse und kirchlichen Lehrentscheidungen, op. cit., 1173, n. 4101 (§ 1).

84 Gertrud von LE FORT: Das Schweißtuch der Veronika, op. cit., 152.

Die Kirche vollendet den Menschen, den sie durch die Taufe gebiert, durch die Teilhabe an der göttlichen Liebe, die ihren mystischen Leib durchströmt.[85] Die tiefste Einheit der Kirche ist in Gott selbst zu finden, in dem Geheimnis seiner göttlichen Einheit:

Du bist wie ein ein'ges Durchströmen
Du bist wie ein Umfangen in Tiefen der Seligkeit.

Denn wir lagen im Schoße der Gottheit, einer im andren,
wir lagen unerweckt im Geheimnis unsres Schöpfers,
Wir waren uns näher als Liebe,
wir waren eins vor allem Anbruch der Gestalten:
(Corpus Christi I)

Die göttliche Gegenwart durchflutet die Glieder des mystischen Leibes mit dem Strom der Gnade. Die Einheit von Haupt und Gliedern ist *näher* als Liebe, weil sie noch vor aller Einheit, die durch Liebe gestiftet wird, in der göttlichen Verborgenheit, im einfachen Sehen und Wollen des Schöpfers gründet. Am Ende der Zeiten wird diese ursprüngliche Einheit offenbar.

Die Hymnenreihe *Die letzten Dinge* betont noch einmal die Verhülltheit der Kirche. Sie ist *vergraben* im Schoß Gottes. Seine Schatten *umwachsen* sie, seine Geheimnisse *umwuchern* ihre *Stirn*. Das Angesicht der Kirche zeigt sich beinahe unzugänglich.

Aber mein Angesicht können sie nicht sehen:
mein Haupt liegt im Schoße Gottes vergraben,

85 Zur Einheit der Kirche als mystischer Leib Christi siehe Nicolaus CUSANUS: Philosophische und Theologische Schriften, op. cit., 563 f.

Die Schatten des Allwissenden sind um mich gewachsen,
und seine Geheimnisse
wuchern über meiner Stirn wie dunkles Moos.
(Letzte Dinge III)

Das Ende der Geheimnisse hebt an durch ein Übermaß an Licht, durch das *Heraufblitzen* des verborgenen Gottes *(Letzte Dinge IV).* Das befreite Leuchten seiner ewigen Wahrheit deckt die verborgene Sehnsucht der Schöpfung auf und erfüllt sie durch ein Übermaß an *entfesselter Liebe.* Auf den gläubigen *Heimweg* zur verborgenen Kirche folgt der göttlich-herrliche *Heimriss* in seine unverborgene Gegenwart. Nun lichten sich die vielfachen Schleier, die das wahre Antlitz der Kirche bedeckt hielten (*Letzte Dinge III*). Das enthüllte Haupt des mystischen Leibes erkennt sich in der unverhüllten Kirche wie in einem *reinen Spiegel*:

Und Gott wird seine Liebe in mir erkennen.
(Letzte Dinge IV)

Am Ende der *Hymnen* gilt das Wort der Dichterin noch einmal der Liebe, durch welche die eine Kirche in Ewigkeit eins ist in Gott.

Gundula Harand

ZUR HERAUSGEBERIN

GUNDULA HARAND wuchs in Wilhering bei Linz auf. Nach dem Studium der Fachtheologie, Religionspädagogik und Romanistik in Wien promovierte sie zum Thema „Abgeschiedenheit – Gelassenheit – Eingelassenheit: Studien zu Gertrud von le Fort“. Am *Internationalen Theologischen Institut* in Trumau bei Wien lehrt sie als Professorin für Religionsphilosophie und Spirituelle Theologie in entsprechenden Fachgebieten. Ihr besonderes Augenmerk gilt Untersuchungen zur Sprachphilosophie wie der theologisch-philosophischen Interpretation christlicher Dichtung. Durch Aufsätze, Vorträge und Lesungen wie auch durch die Veröffentlichung ihres Gedichtbandes „Rut-Gedichte“ tritt sie für geistige Anliegen ein. Gemeinsam mit Gudrun Trausmuth ist Gundula Harand Herausgeberin eines *Gertrud von le Fort-Lesebuches*.

Quellennachweis für den Text „Hymnen an die Kirche“:

Bibliografische Information der Deutschen Nationalbibliothek:
Die Deutsche Nationalbibliothek verzeichnet diese Publikation in der Deutschen Nationalbibliografie; detaillierte bibliografische Daten sind im Internet über http://dnb.d-nb.de abrufbar.

Gedruckt auf umweltfreundlichem, chlorfrei gebleichtem Papier.

2. Auflage 2026

Echter Verlag | Dominikanerplatz 8 | 97070 Würzburg
Tel. 0931 66068-0 | info@echter-verlag.de
Gestaltung: Hain-Team

Druck und Bindung: Rudolph Druck GmbH & Co. KG, Schweinfurt
Printed in Germany
ISBN 978-3-429-03741-3

www.echter.de